高麗陶器の考古学

主税英徳 著

同成社

序

　中世東北アジアにおいて、高麗陶器はいかなるものであったのか。高麗陶器は、どのように生産され、韓半島や中世日本において、いかに消費されたのか。本書は、日本考古学における分析方法を駆使しながら、高麗陶器の生産と消費について解明することが目的である。

　中世における窯業は、東アジアにおいて盛行を極める。古代において土器よりも堅緻で、強固な器の生産を可能とする窯が発明される。その後、中世においては、窯での生産技術が大きく飛躍していく。

　生産技術の向上は、大量生産を可能としただけではなく、器皿自体の質を大きく向上させることにもなった。磁器類は、人びとを魅了するほどの価値をもつ器皿を生み出すことになる。このことは、社会にも大きな影響を与えるほどにもなる。すなわち、日常生活を支えていた容器の性格を越え、器皿自体が大きな価値をもつようになる。特に中国産陶磁器は「唐物」とも称され、富の象徴や権威などを表現したものもあり、当時の社会にまで影響を及ぼしていたことから、「威信財」と評されるほどである。このような中国産陶磁器は、中世東北アジアで大きな価値をもち、中国だけではなく、周辺の国々からの需要も高まることになる。

　このような磁器の特質を活かした研究が進展していき、当時の社会や外交、交流、交易などの解明がすすめられてきた。中世東北アジアにおいては、青磁や白磁、染付などいわゆる磁器類がおもな研究対象とされてきた。出土量が多いこともあり、形態や文様、釉薬、胎土などの多くの属性を対象に、研究が進められている。また、磁器類は、先述したように、器皿自体に価値をおき、当時の社会や対外関係などを復元する上で、重要な意味をもつ物質文化資料の一

つである。
　それに比べ、磁器類と同じ時代に存在している陶器類に関する研究は十分であるとはいえない。資料の性格上、陶器類は、磁器類に相対する立場にあり、その価値としては、器自体というよりも、器のなかにある内容物にあったものと考えられる。しかし、陶器が出土する際に内容物まで残存していることはかなり稀であり、用途を含め、使用時の状況を復元することは難しい。
　一方、日本考古学の分野では、比較的早い段階から陶器の研究が進められてきた。その背景の一つとして、現代にも続いている、いわゆる「六古窯」の存在が大きいと考えられる。現代との結節点を中世陶器にも見出すことができることも研究を推し進められる動機の一つとなろう。中世の窯跡が現代にも残っており、各地において、生産物の表採や発掘調査などが実施されてきた。これらの成果をもとに、編年をはじめとして、生産や流通、窯の運営・管理などについて、文献史学の成果も援用しながら、研究が進展してきた。陶器の生産や流通の変化から画期を見出し、考古学からみた「中世」という時代区分が提起されるほどである。
　現代との結節という点では、韓国にも同じような要素を陶器にも見出すことができる。「甕器（オンギ）」である。現代の街中でもみることができる。キムチを漬ける際などに用いられるものであり、全面的に施釉された大型の甕類が代表的なものである。しかし、人びとの関心は、陶器や甕器よりも青磁や白磁に注がれることが多い。そのため、朝鮮時代に生産される甕器も含め、前時代にあたる高麗時代の陶器類への学問的関心は決して高いとはいえない状況である。特に高麗時代においては、高麗青磁の生産が始まったとされる時期にあたる。その後、高麗青磁の生産技術は大きく向上する。絶頂期のものは、中国産青磁に引けを取らないとも評されるほどである。このようなこともあり、高麗時代の器皿に関する研究は、高麗青磁が主体となってきた。
　しかし、高麗陶器を研究する意義は大いにあるものといえる。高麗陶器は三国時代から続く陶質土器の流れを汲む器である。高麗青磁の生産に成功し、それが普及していく高麗時代において、高麗陶器の生産や消費などの様相を追究

することで、新たな視点から当時の社会状況の一端を明らかにできる。これは、高麗青磁という革新的技術が広まっていくなかで、高麗陶器という伝統的技術がいなかる展開をみせるかということである。人類史上における「伝統」のあり方を問う一つのモデルケースを検討することにもつながる。

　また、日本からみても高麗陶器の特質を考える意義もある。高麗陶器は、北部九州を中心として、九州・琉球列島各地で出土が確認できる。また、琉球列島においては、後の琉球王国の版図に分布する類須恵器（カムィヤキ）に影響を与えたものの一つに高麗陶器が挙げられている。すなわち、高麗陶器は、中世において、高麗・日本・琉球といった三つの地域の交流・交易を探ることができる考古資料の一つとして位置づけることができるのである。よって、本書では、編年や器種分類の基礎的研究からはじめ、生産様相や日韓における消費様相などを明らかにすることにより、高麗陶器の全体像に迫りたい。

目　次

序

第1章　研究の現状と課題 ……………………………………… 1

第1節　韓国における高麗陶器研究の現状と課題 ……………… 4
1. 韓国における高麗陶器研究の動向　*4*
2. 器種に関する研究の現状と課題　*8*
3. 編年に関する研究の現状と課題　*11*
4. 生産・窯構造に関する研究の現状と課題　*16*
5. 消費・用途に関する研究の現状と課題　*20*

第2節　日本における高麗陶器研究の現状と課題 ……………… 22
1. 日本出土の高麗陶器に関する研究の現状　*23*
2. 高麗陶器と類須恵器（カムィヤキ）の比較に関する研究の現状　*26*
3. 日本における高麗陶器研究の課題　*29*

第3節　問題の所在と本書の目的 ………………………………… 30
1. 問題の所在　*30*
2. 本書の目的　*32*

第4節　資料・方法・用語の整理 ………………………………… 33
1. 対象資料　*33*
2. 方法　*34*
3. 用語の整理　*36*

第2章　高麗陶器の分類と編年 ……………………………………… 43
第1節　本章の課題 ……………………………………………………… 43
第2節　器種分類 ………………………………………………………… 44
1．壺類　*45*
2．甕　*48*
3．瓶類　*48*
4．鉢類　*49*
5．その他の器種　*50*

第3節　大型壺の分類と編年 …………………………………………… 50
1．資料と方法　*50*
2．大型壺の編年　*53*
3．泰安馬島4号船からみる朝鮮時代移行期における
大型壺の様相　*59*

第4節　盤口形口縁をもつ器種と編年 ………………………………… 64
1．資料と方法　*65*
2．盤口形口縁をもつ器種の細分　*65*
3．盤口壺と盤口瓶の区分に関する数量的検討　*69*
4．口縁部形態からみた盤口瓶・壺の編年　*71*
5．盤口瓶・壺からみる施釉の時期に関する検討　*76*

第5節　器種構成の変遷 ………………………………………………… 82
1．本節の課題　*82*
2．資料と方法　*83*
3．器種の消長と器種構成の変遷　*83*

第6節　小結 ……………………………………………………………… 93

第3章　高麗陶器の生産 …………………………………………… 97
第1節　本章の課題 ……………………………………………………… 97

第2節　楊広道地域における窯構造の変遷 ················· 98
　　　　1．資料と方法　98
　　　　2．窯構造・規模・排水溝の検討　101
　　　　3．楊広道地域における窯構造の変遷と画期　108
　　第3節　慶尚道・全羅道地域における窯構造 ················· 112
　　　　1．資料と方法　112
　　　　2．窯構造・規模・排水溝の検討　115
　　　　3．慶尚道・全羅道地域における窯構造の変遷と地域性　123
　　　　4．慶尚道・全羅道地域における朝鮮時代移行期の
　　　　　　窯構造の様相　129
　　第4節　特定器種の生産に特化した窯の出現 ················· 132
　　第5節　小結 ················· 137

第4章　高麗陶器大型壺の消費とその用途 ················· 139
　　第1節　本章の課題 ················· 139
　　第2節　大型壺の消費に関する検討 ················· 140
　　　　1．資料と方法　140
　　　　2．完形資料からみる大型壺の規格性に関する検討　144
　　　　3．出土状況と文献記録からみる大型壺の消費様相　147
　　第3節　大型壺の消費様相 ················· 153
　　　　1．出土遺構と出土状況の検討からみる大型壺の消費様相　153
　　　　2．時間的変遷に伴う消費様相の変化　161
　　第4節　時期別の分布からみる大型壺の消費様相と
　　　　　　窯跡との関係 ················· 162
　　　　1．時期別の分布からみる大型壺の消費様相　162
　　　　2．時期別の分布からみる窯跡と消費の関係　164
　　第5節　小結 ················· 167

第5章　九州・琉球列島における高麗陶器の消費 ………… 169
　第1節　課題、資料と方法 ……………………………… 169
　　　1．課題　169
　　　2．資料と方法　170
　第2節　九州・琉球列島出土の高麗陶器 ……………… 171
　　　1．分布　171
　　　2．地域別にみる出土高麗陶器の特徴　172
　第3節　九州・琉球列島への流入背景 ………………… 184
　　　1．器種と流入時期　184
　　　2．九州における高麗陶器の流入背景　187
　　　3．琉球列島における高麗陶器の流入背景　189
　第4節　小結 ……………………………………………… 193

第6章　生産と消費からみた高麗陶器の特質 …………… 195
　第1節　生産の時間的変遷 ……………………………… 195
　第2節　消費の時間的変遷 ……………………………… 200
　第3節　生産と消費からみた画期とその背景 ………… 202
　　　1．高麗陶器生産・消費における段階の設定　202
　　　2．画期とその背景　207

終章　中世東北アジア陶磁史からみた高麗陶器 ………… 211

参考文献　221
あとがき　233

図表目次

〔図〕

図 1-1	高麗時代陶器編年試案	12
図 1-2	大型壺編年案	14
図 1-3	雑器6類	24
図 1-4	カムィヤキと高麗陶器の製作技法の比較	27
図 1-5	下り山窯・カムィヤキ陶器窯跡・舞將里窯の窯体構造	28
図 1-6	高麗時代後期の五道・両界	34
図 1-7	陶磁器名称の時代別相互関係	38
図 2-1	高麗陶器器種分類図　壺類・甕	46
図 2-2	高麗陶器器種分類図　瓶類・鉢類・その他の器種	47
図 2-3	対象窯跡資料分布図	51
図 2-4	大型壺口径のヒストグラム	54
図 2-5	頸部形態の型式	54
図 2-6	波状文形態の型式	54
図 2-7	頸部形態と波状文形態の相関関係	55
図 2-8	大型壺の型式	56
図 2-9	大中十二年大型壺　拓本	58
図 2-10	大型壺の編年	60
図 2-11	泰安馬島4号船出土「内贍」銘粉青沙器	61
図 2-12	泰安馬島4号船出土大型壺	63
図 2-13	対象資料分布図	67
図 2-14	盤口形口縁をもつ壺・瓶類の細別器種	68
図 2-15	盤口形口縁をもつ器種の口径のヒストグラム	70

図 2-16	盤口形口縁をもつ器種　口径×器高	70
図 2-17	盤口瓶の型式	72
図 2-18	盤口壺の型式	72
図 2-19	時期別の盤口瓶・壺	75
図 2-20	泰安馬島1号船出土施釉盤口壺の一例	80
図 2-21	対象遺跡分布図	85
図 2-22	窯跡出土高麗陶器　器種構成変遷図（1）	88
図 2-23	窯跡出土高麗陶器　器種構成変遷図（2）	89
図 3-1	須恵器窯の部位名称	98
図 3-2	楊広道地域・対象資料分布図	100
図 3-3	窯構造の各型式	102
図 3-4	楊広道地域における窯全長と最大幅の相関関係	105
図 3-5	楊広道地域における焼成部水平長と最大幅の相関関係	105
図 3-6	楊広道地域における高麗陶器窯構造変遷図	109
図 3-7	慶尚道・全羅道地域における対象資料分布図	114
図 3-8	慶尚道・全羅道地域における窯全長と最大幅の相関関係	118
図 3-9	慶尚道・全羅道地域における焼成部水平長と最大幅の相関関係	118
図 3-10	円山里1号窯平面図	122
図 3-11	慶尚道地域における高麗陶器窯構造変遷図	125
図 3-12	全羅道地域における高麗陶器窯構造変遷図	126
図 3-13	高麗陶器V期と朝鮮時代甕器（15・16世紀）の窯構造の比較	130
図 3-14	驪州煙羅里窯第2-1～4号窯　実測図	133
図 3-15	驪州煙羅里窯第2-1号窯出土鉢a・鉢c	134
図 3-16	龍仁魚肥里Ⅰ-3-1号窯実測図	135
図 3-17	龍仁魚肥里Ⅰ-3-1号窯出土鉢a・梅瓶	135
図 4-1	対象遺跡分布図	141
図 4-2	大型壺　口径×器高の関係	145
図 4-3	大型壺　最大胴径×器高の関係	145

図表目次　xi

図 4-4　大型壺　底径×器高の関係 *146*
図 4-5　大型壺　金浦馬松遺跡 5 号竪穴出土大型壺 *147*
図 4-6　大型壺　出土遺構の分類（1） *149*
図 4-7　大型壺　出土遺構の分類（2） *150*
図 4-8　Ⅰ～Ⅴ期における大型壺完形資料の分布 *163*
図 4-9　Ⅰ～Ⅴ期における大型壺出土窯と大型壺完形資料の分布 *166*
図 5-1　九州・琉球列島出土高麗陶器の分布図 *173*
図 5-2　対馬地域出土の高麗陶器大型壺と盤口瓶・壺 *175*
図 5-3　竹松遺跡出土の高麗陶器大型壺と盤口瓶・壺 *177*
図 5-4　博多遺跡群出土の高麗陶器大型壺（1） *178*
図 5-5　博多遺跡群出土の高麗陶器大型壺（2） *179*
図 5-6　博多遺跡群出土の盤口瓶・壺 *180*
図 5-7　大宰府出土の大型壺、盤口瓶・壺 *181*
図 5-8　琉球列島出土の大型壺・盤口瓶 *183*
図 5-9　時期別の大型壺の数量 *186*
図 5-10　竹松遺跡グリッド別の高麗陶器出土量 *190*
図 5-11　類須恵器（カムィヤキ）の器種 *192*
図 6-1　Ⅰ～Ⅲ期における大型壺・窯構造・器種の変遷 *196*
図 6-2　Ⅳ・Ⅴ期における大型壺・窯構造・器種の変遷 *197*
図 7-1　泰安馬島 2 号船出土資料からみえる中世的高麗陶器様式 *215*
図 7-2　泰安馬島 2 号船出土陶器以外食器類 *216*

〔表〕
表 1-1　登窯属性表 *17*
表 2-1　対象窯跡資料一覧 *52*
表 2-2　対象遺跡一覧 *66*
表 2-3　窯跡出土資料における盤口瓶・壺と大型壺の共伴関係 *73*
表 2-4　泰安馬島 1～3 号船出土盤口瓶・壺　施釉有無一覧 *79*

表 2-5　対象遺跡一覧 ……………………………………………………… *84*
表 2-6　窯跡出土資料の器種構成 ………………………………………… *86*
表 3-1　楊広道地域・対象資料一覧 ……………………………………… *99*
表 3-2　楊広道地域における大型壺と窯構造の型式対応関係 ………… *103*
表 3-3　楊広道地域における大型壺・窯構造型式と排水溝有無の
　　　　対応関係 ……………………………………………………………… *107*
表 3-4　慶尚道・全羅道地域における対象資料一覧 …………………… *113*
表 3-5　慶尚道・全羅道地域における大型壺と窯構造の型式の対応関係 …… *116*
表 3-6　慶尚道・全羅道地域における大型壺・窯構造型式と
　　　　排水溝有無の対応関係 …………………………………………… *120*
表 3-7　楊広道・慶尚道・全羅道地域における窯構造型式の消長 …… *124*
表 4-1　対象遺跡一覧 ……………………………………………………… *142*
表 4-2　時期別大型壺完形資料一覧 ……………………………………… *154*
表 4-3　時期別の大型壺出土遺構と推定用途 …………………………… *158*
表 4-4　時期別の大型壺出土状況 ………………………………………… *158*
表 5-1　九州・琉球列島出土高麗陶器一覧表 …………………………… *174*
表 5-2　九州・琉球列島出土大型壺一覧表 ……………………………… *185*
表 6-1　高麗陶器の生産・消費段階（1）………………………………… *203*
表 6-2　高麗陶器の生産・消費段階（2）………………………………… *204*

〔写真〕
写真 3-1　排水溝の一例 …………………………………………………… *106*
写真 3-2　全羅南道地域における「暗渠状排水溝」……………………… *121*
写真 3-3　円山里1号窯の「暗渠状排水溝」……………………………… *122*

第 1 章　研究の現状と課題

　高麗時代は、918 年から 1392 年までの韓半島における高麗王朝の時代である。統一新羅時代のあと、後三国時代と称されるほど分裂した韓半島を再び統一した王朝である。王健によって建国され、首都を松嶽（現・開城）においた。高麗時代は、内外より翻弄された激動の時代といってもいいであろう。

　国内では、緊迫した国際情勢による危機的状況のなかで、集権的な国家体制が強化、確立していく。中国式官制を導入した国制整備は、10 世紀半ばの光宗代に先鞭がつけられ、10 世紀末の成宗代に大幅な進展をみせ、その後、整備されつつ、第 11 代文宗に至って基本的な完成をみたとされている。地方制度としては、10 世紀末の成宗代において、各邑の行政機構として、全国一律的な邑吏の組織（邑司）が設置され、地方豪族層は国家の末端担当者により強固に組み込まれていく。高麗の文治政治は、12 世紀半ばに爛熟期を迎えた。しかし、相次ぐ内乱により、12 世紀後半頃から 1 世紀にわたり武臣執権期に入る。1196 年には崔氏政権が誕生し、その後、モンゴルの侵略を受けるようになる（森平 2017）。

　高麗は全時期をとおして、国外からの侵略に悩まされてきた国ともいえる。周辺諸国である契丹、金、宋、倭寇などの侵略が相次ぎ、そのたびに抗戦を試みている。しかし、1231 年から 30 年間にわたるモンゴル・元による断続的侵入により、ついに高麗は降伏する。モンゴルへの服属に反発する高麗内部の勢力による政治的反動もみられるが、1274 年に、後の忠烈王がフビライの駙馬（娘婿）となり、高麗国王に即位したことにより、元への服属時代が始まる。この期間に、元による 2 度の日本征討（文永の役、弘安の役）もおこなわれ、高麗軍から派兵している。1356 年、高麗の恭愍王は、元から明への交代に先

んじて、反元に転じ、服属時代に終止符をうつ。しかし、この反元運動の一躍を担い政界中枢で重要な地位を占めていた李成桂によって、新しい王朝が建立される。ここにおいて、高麗王朝は滅亡し、475年の歴史が終わることとなる（武田 2000）。

　物質文化の面でみると、高麗時代は、特に陶磁器に大きな発展がみられる。高麗時代の陶磁器は、「高麗時代における総ての工芸品は、その他の美術と軌を同じくして発達したものであるが、其の中最も特色を現はして世界的に著名なるものは陶磁器である」（野守 1944）、「高麗の陶磁は、寂びしい朝鮮の歴史に咲いた美しい花である」（小山 1961）と評されるほどである。高麗時代陶磁器の代表的なものとして、大きく、青磁、白磁、黒磁、そして、陶器がある。このなかでも、学術的なものを含め、戦前より人びとの関心を多く集めているものは、青磁である。

　諸説あるものの、朝鮮史上、高麗時代は初めて青磁の生産に成功した時期といわれている。いわゆる「高麗青磁」の誕生である。高麗青磁生産の時期については、9～10世紀代のなかで諸説あり、生産主体者について、国家による主導によるものか、地方の有力豪族の主導によるものかなどさまざまな議論があり、これが生産開始年代とも大きく関係してくる。12～13世紀前半は、成熟期と称されるほど、無文の翡色青磁や象嵌青磁が生み出された時期であり、以前と比べて大きな技術的発展がみられる。13世紀後半からは、衰退期にあたり、内政の混乱をはじめとして、モンゴル・元や倭寇の侵攻などによる国家の不安定さが高麗青磁にあらわれたと考えられ、製品としての質の低下がみられるようになる（韓盛旭 2005）。14世紀になると、象嵌青磁からの自然発生と考えられる粉青沙器が誕生し、朝鮮白磁とともに、朝鮮時代の主流をなしていく。

　高麗青磁は、現在においても、高い美術的価値を得ている。発掘調査出土資料だけではなく、伝世品もあり、現代でも多くの高麗青磁が存在している。資料的条件にも恵まれている高麗青磁は、美術史だけではなく、考古学分野においても、生産、海外も含む流通に関する研究などがおこなわれており、盛んな

議論が交わされている。高麗青磁窯に対する調査研究も活況をみせており、開始期の窯である塼築窯から、11世紀頃に韓国式土築窯へと大きく変化することなどが明らかにされている（韓貞華2005）。

一方、同じ磁器類である高麗時代の白磁や黒磁については、資料数や発掘調査件数なども影響し、高麗青磁に比べると、研究が十分であるといえず、不明瞭な部分が多い。

高麗白磁は、鉢や皿の器種が主流であり、高麗時代初期には専用窯で生産されていたが、12～13世紀頃になると、扶安・康津の青磁窯で、前時期に比べ少量生産に変化すると指摘されている（田勝昌2005）。一方、高麗黒磁は、高麗白磁に比べ、さらに資料数が限られており、壺・瓶を主体とし、鉢・碗・皿などの器種がみられ、粗質青磁と一緒に生産されたことがわかっている（徐知英2009）。

高麗時代の陶磁器のなかには、磁器類のほかに陶器類もある。「高麗陶器」である。以前は、韓国で「질그릇」「土器」、日本で「朝鮮製無釉陶器」などとも呼ばれていたが、今は、日韓において「高麗陶器」と呼称されることが大半である。高麗陶器とは、韓半島における三国時代から続く技術を踏襲して製作されたとされる陶器である。高麗青磁に比べ、高麗陶器は単に日常雑器としてとらえられることが多く、関心が抱かれることは少なかった。本格的な高麗陶器研究は、高麗青磁研究よりもかなり遅れをとることになる。1980年代に入り、ようやく鄭明鎬によって、学術的価値が説かれたことにより、学術的研究の対象に至ることとなる。

その後、1990年代後半頃以降になると、研究の活発化がみられるようになる。高麗時代の発掘調査が増加するとともに、高麗陶器の出土資料も増えたためである。資料数の増加に伴い、必然的に関心が注がれるようになっていく。研究テーマも、高麗陶器の編年や変遷をはじめとして、生産、流通、高麗青磁の比較、墳墓出土陶器の特徴の把握など多岐にわたるようになる。

さらに、近年では、忠清南道泰安郡の馬島船をはじめとして、高麗時代沈没船に対するめざましい発掘調査成果が、高麗陶器研究を後押ししている。これ

らの沈没船出土資料のなかには内容物が残存しているものや蓋が付いたものなど、比較的残存状況がよい高麗陶器も多く出土している。さらに、沈没船の水中調査を主導している國立海洋文化財研究所では、一連の調査成果に関する整理と発信を目的として、高麗陶器に関するデータベースの公開や学術大会の開催などをおこなっている。

　しかしながら、高麗陶器の資料数は、以前に比べて増加の一途にあるものの、共通した編年観が未確立であるなどの基礎的研究の段階を逸していない状況である。この背景には、資料的な問題も要因していると考えられる。

　本書では、高麗陶器の編年や器種分類、器種構成の変遷などの分類と編年に関する基礎的研究を進めた上で、高麗陶器の生産と消費に関する考古学的な検討を通して、その特質について明らかにする。

　本章では、まず、高麗陶器全体の研究の流れを概観した後に、各々のテーマである器種分類、編年、生産、日韓における消費に関する先行研究について詳細な検討をおこない、解決すべき問題の所在を明らかにする。

第1節　韓国における高麗陶器研究の現状と課題

1. 韓国における高麗陶器研究の動向

　まずは、高麗陶器研究の全体的な動向から整理することとする。次項以降、本書に関係するテーマごとに、先行研究の詳細をみていくこととする。

　高麗陶器の存在は、戦中において、日本人研究者の野守健によってすでに認識されている。著書『高麗陶磁の研究』のなかで、陶磁器の分類の一つとして「素焼（焼締）」を提示している。特徴として、「新羅時代からの繼續であつて、胎土は灰黒色で賢緻なものと稍軟弱粗末鬆なものとがあり、表面の色は黒色・鼠色等を呈してゐる。この種のものは初期に多く造られたが、宋の影響によつて磁器が製作せらるゝに及び、唯下等品として、当時の庶民階級に使用せさら

れたものであらう（原文ママ）」と述べている（野守1944）。胎土や器表面の色調などの特徴からみて、この「素焼（焼締）」が、高麗陶器のことを示していることを推定できる。陶器としての特徴だけではなく、磁器からの影響や使用階層まで推測しており、その視野の広さに驚かされる。

　小山冨士夫は、高麗時代陶磁器の全般を説明するにあたり、高麗陶器について記述している。高麗陶磁器に関する時期区分の一つとして、その最初に「一、新羅時代土器の様式を繼承した時代」として位置づけ、高麗青磁が発生する以前の、新羅風の土器、低火度の緑釉、茶褐色のやきものを焼いた時代とした。さらには、新羅風の土器は高麗全期にわたって盛んにつくられたらしいと推測している。また、開城付近の踏査において、散乱している陶片は、灰黒色の焼締土器片が、圧倒的に多く、高麗青磁片はきわめて寥々たるものだったとも回想している（小山1961）。新羅風の土器が高麗陶器のことであり、高麗時代全般にわたっての存在を指摘し、かつ、高麗の首都である開城付近の高麗陶器の状況がわかる数少ない報告といえる。

　しかし、この二つの論考以降、管見する限り、日韓において、高麗陶器に触れた記述はほとんどみられなくなる。高麗時代陶磁器のなかで、特に高麗青磁への関心が高まっていったことで、高麗陶器は忘れられた存在になっていったのかもしれない。その後、1980年代後半に、鄭明鎬が高麗陶器を主体に取り上げた研究をおこなった。これが高麗陶器の学術的研究の始点であるといえる。

　本節では、鄭明鎬の研究以降の韓国における高麗陶器研究について、1990年代前半以前と、1990年代後半以降の研究に大きく分けて整理する。この二つの時期に区分する理由は、研究対象となる高麗陶器の資料的性質や資料数、研究目的などに違いがみられるためである。

（1）1980年代後半から1990年代前半における研究

　高麗陶器について最初の本格的な研究がなされたのは、1986年に発表された鄭明鎬の論考である。鄭明鎬は、美術的に賛辞され、人びとの注目を多く浴

びてきた高麗青磁に対して、高麗陶器は無関心な傾向にあったと指摘する。その上で、現代に至るまで継承されてきた民衆の容器製作伝統の一つに高麗陶器を位置づけ、その重要性に言及した。そして、『高麗図経』などの文献資料を手がかりとして、高麗陶器の用途を明らかにするとともに、現存する製品から器種の分類にまで言及した（鄭明鎬 1986）。

　この論考を皮切りに、高麗陶器に関する研究がしだいに増えていく。

　崔健は、統一新羅時代から高麗時代にかけて製作されたとされる陶器類を中心として、器種別の材質の変化に着目した。そして、文献資料などを援用し、当時の社会状況をふまえながら、陶器質以外の器皿類の盛行が、高麗陶器の質の低下や生産の萎縮などを招いたと推測した（崔健 1987）。

　徐美星は、高麗陶器の瓶について、青磁や青銅製など他の材質と比較検討をおこなった。その結果、統一新羅時代後期に祖型を求めることができる瓶と、高麗時代に入って新たに登場する瓶があることを把握するとともに、陶器瓶・青磁瓶・青銅瓶の各々にしかない形態やすべてにあらわれる形態が存在することなども明らかにした。また、統一新羅時代末から高麗時代に瓶の形態が多様化することについて、儀器的性格から日常容器的性格に変化すると結論づけた（徐美星 1989）。

　尹龍二は、青磁の器形やその編年などを援用しながら、高麗陶器の器形や施文された紋様の変遷などを把握し、大きく三つの時期に区分できることを提起した（尹龍二 1991［日本語：尹龍二〈片山訳〉1998］）。

　姜熙天は、地域性に着目し、忠清南道扶餘にある定林寺と、慶尚南道にある天徳寺の寺院址出土高麗陶器を研究対象にし、器種別の特徴を把握した結果、青磁の大量生産に伴う陶器の生産萎縮傾向と、高麗時代後期における青磁を模倣した陶器の出現を推測した。その上で、青磁が円滑に供給される地域（天徳寺）とそうでない地域（定林寺）とでは、高麗陶器の出土様相が異なることを指摘するとともに、さらには地域ごとの陶器様式の存在することを示唆している（姜熙天 1991）。

　以上のような1980年代後半から1990年代前半におこなわれた研究は、高麗

時代関係遺跡の発掘調査例が多くなかったこともあり、博物館の収蔵品や伝世品、さらには特定の遺跡からの出土資料など限定された資料のみを対象とすることが多かった。また、その分析方法においても、研究の進んでいる高麗青磁との比較を基本としながら、高麗陶器の様相を把握しようとする傾向が見受けられる。

(2) 1990年代後半以降の研究

　1990年代後半の韓国国内における大規模な開発事業に伴って発掘調査が急増したことにより、高麗陶器研究にも変化があらわれる。高麗時代遺跡の調査例が大幅に増加し、窯跡、墳墓、建物跡、寺院など多様な遺跡の性格が明らかになりはじめる。そのなかで、高麗陶器も多くの遺跡から出土したことにより、自然と関心が高まっていくこととなる。それまでは特定の資料のみを対象にせざるを得なかったことに対して、2000年以降の高麗陶器研究においては、高麗時代遺跡を網羅的に扱うようになり、研究目的やその方法にも広がりを見せるようになった。

　特に、高麗陶器の分類・編年に関する議論が活発化する。以前のように高麗青磁との比較だけではなく、高麗陶器を主体とした形態変化が検討されていく。統一新羅土器から高麗陶器への変化様相に関する議論（朴淳發2000、邉永煥2007、宋閏貞2007など）や高麗時代における陶器の変遷に関する議論（韓惠先2001・2003・2009、崔喆熙2003、朱榮民2004、申錘國2012）などがおこなわれている。このほか、墳墓出土陶器の年代やその性格に関する検討（李尚姫2005、パク・ミウク2006、韓惠先2011、朱榮民2011、ハン・チョンヒ2011など）や高麗青磁との比較・検討（張南原2000）、窯跡遺跡を対象とした窯構造や生産動向に関する検討（柳基正2005、姜敬淑2005、金女珍2007）などもおこなわれている。

　さらに、韓惠先によって、特定地域における生産・流通まで議論されている。韓惠先は、龍仁地域と安城地域を対象として窯跡とその周辺に位置する消費遺跡における出土資料の形態的比較をおこない、流通について検討した。そ

の結果、高麗陶器の器種は大型のものが主流をしめることから長距離運搬に不適であり、消費地から注文を受けて近隣の窯で生産した可能性を示唆している（韓惠先2005）。このような指摘は、今後、韓半島における高麗陶器の生産・流通を理解していく上で重要な見解であるといえる。

　また、最近では、韓惠先によって、これまでの高麗陶器全般に関する研究を総体的にまとめた論考が刊行された（韓惠先2019）。高麗陶器に関する専門書が初めて刊行されたことは、研究史上においても一つの到達点として大きく評価できる。

　近年では、忠清南道泰安郡の馬島船をはじめとして、高麗時代沈没船に対するめざましい発掘調査成果が、高麗陶器研究を後押ししている。内容物が残存しているものや蓋が付いた状態のものなど、比較的残存状況がよい高麗陶器も多く出土しているためである。最近では、調査主体である國立海洋文化財研究所は、一連の調査成果をふまえ、さらなる研究の活発化を促すため、高麗陶器をテーマとした学術大会の開催（國立海洋文化財研究所2021）や高麗陶器データベースの構築・公開などを実施している。

2. 器種に関する研究の現状と課題

（1）現　状

　高麗陶器の「器種」に関する研究は、残存状況がよい資料が対象とされることが多く、おもに墳墓や沈没船の出土資料がよく使用される。器種に関する研究は、特定の器種に限定したものと、高麗陶器全体における器種分類や器種の消長・変遷に関するものに大きく分けることができる。

　まず、特定の器種を扱った研究では、比較的に資料数が多い「壺」や「瓶」が対象となりやすい。

　崔喆熙は、窯跡・建物跡・墳墓出土資料を対象に、瓶・壺・大甕（本書でいう大型壺）を中心に、器種分類や型式分類をおこなった（崔喆熙2003）。申鍾國は、高麗時代沈没船から出土した壺類を対象として、口縁部形態や大きさな

どから器種分類や細分器種などについて検討した（申鍾國 2012 など）。

　次に、高麗陶器全体に対しての器種分類や器種の消長・変遷を扱っているものを整理する。なお、以下にみる先行研究における器種名称は、各研究者の概念を尊重し、各論文での表現をそのまま記載することとする。

　高麗陶器を最初に学術的資料として位置づけた鄭明鎬は、博物館所蔵資料を中心としながら、発掘資料を一部に加え、器種分類と各器種の特徴を挙げている。設定した器種は、鬼面装飾四耳瓶、鬼面装飾扁瓶、梅瓶、瓢形瓶、陶器瓶、扁瓶、小瓶、饅頭形瓶、俵壺、浄瓶、陶器鉢、陶器水汲甕、陶器壺、注口形陶器壺、筒形壺、円筒形甑、扁壺、瓜形水注など計 18 種類に及ぶ。このうち、いくつかの器種は、全体の器形や口縁部などの形態をもとに細分している（鄭明鎬 1986）。現在に比べ、資料数が少ないなかで、先駆けて器種設定がおこなわれている。ただし、資料数が格段に増えた現在からみると、設定された器種のなかには、少数で特殊とされる器種や朝鮮時代の陶器のものも一部含まれていることがわかる。

　尹龍二は、高麗陶器の変遷について、高麗時代を初期（918〜1100 年）・中期（1100〜1250 年）・後期（1250〜1392 年）の 3 時期に分け、各時期の特色を高麗青磁と比較しながら論じている。結果、高麗陶器は、器形からみて、香垸、小水注、小瓶、広口瓶、扁瓶、瓶、梅瓶、瓢形瓶、長頸瓶、浄瓶、大壺、扁壺、長身壺、小壺、壺、水注、大鉢、缸、俵壺、大盒、盌（碗）、皿など 25 種類に分けられるとした（尹龍二 1991）。

　金女珍は、窯跡出土資料に着目し、器種構成の変化を明らかにしようとした。先行研究の分類をもとにしながら、修正・補完した上で、甕、壺、瓶、水汲甕、洗、甑、碗の 7 種類を挙げ、口縁部形態を中心に細分化まで図った。しかし、器種構成に関する明らかな変化様相は、把握できなかったとした（金女珍 2007）。

　韓惠先は、韓国において長年にわたり高麗陶器研究を牽引しており、これまでに数々の論考を発表している。近年、韓惠先の一連の研究成果をまとめた書籍が刊行された（韓惠先 2019）。韓惠先は、器種分類と器種の消長について、

これまでにも論じている（韓惠先2001・2003など）。本節では、最新の研究成果として、韓惠先2019の内容を参照することにしたい。

壺類は8種類で、広肩壺、大壺、短頸壺、盤口壺、扁壺、長身壺、梅瓶型壺、二重口縁壺である。瓶類は11種類で、1面扁瓶、2面扁瓶、4面扁瓶、盤口瓶、小瓶、梅瓶、ラッパ口瓶、瓢箪形瓶、浄瓶、長頸瓶、筒形瓶である。なお、壺類や瓶類のいくつかのものは、口縁部形態や胴部形態、器高などにより細分化している。小型器種として、碗、皿、坏、その他の器種として、水汲甕、甑、大鉢（洗）、鉢、水注、香垸、筒型陶器、長鼓を設定した。器種を設定した上で、完形資料を中心としながら、特に残存状況が比較的よいものが多い墳墓出土資料や泰安馬島沈没船出土資料などをもとにして、各器種の量に関する多寡や、共伴木簡などから存続時期の推定、さらには高麗青磁との比較・検討などを論じている。設定された器種のなかで、消長や流行時期、高麗青磁との関係などに言及されている代表的なもののみを整理すると、次のとおりになる。

盤口壺は12世紀以降本格的に登場する。1面扁瓶・2面扁瓶の中心時期は、10世紀中心で、先に陶器に出現し、その後青磁で模倣される器種である。一方、4面扁瓶は、10世紀に流行し、11世紀まで確認でき、1・2面扁瓶と異なり、青磁との影響関係がないものであると言及している（韓惠先2019）。

（2）課　題

高麗陶器は、多種多様な器種をもつということ、器種によっては流行時期や消長があること、また、一部の器種の出現背景に高麗青磁や金属器などの他素材の器の影響を受けていることなどが明らかにされている。

しかし、器種を横断し、複数器種の消長を把握するといった「器種構成」の視点からの分析が十分であるとはいえない。すなわち、器種全体の変化のなかでの個別器種の位置づけが不明瞭である。

先行研究では、全体器形の把握を優先するがあまり、完形資料を中心とした分類に主体が置かれる傾向がみられる。この背景には、高麗時代の資料的制約

があると考える。高麗時代遺跡の場合、複数の時期にまたがることがあり、この場合、遺構や層位での把握が困難で、かつ、破片資料が多数を占めるなど、良好な状態での一括遺物としての検出が難しいようである。そのため、必然的に資料状態がよい墳墓資料や沈没船出土資料が研究対象になることが多く、個別の器種での検討に留まっているように思われる。さらには、器種分類の基準が研究者や報告者などによって、差異がみられる場合もある。

3. 編年に関する研究の現状と課題

（1）現　状

　高麗陶器の編年研究は、対象時期によって大きく二つに分けられる。統一新羅時代末から高麗時代初めにあたる「羅末麗初期」のものと、「高麗時代全般期」のものである[1]。本書では、高麗時代全般を主対象としていることから、高麗時代全般期にかかわる編年研究を中心に取り上げる。

　高麗陶器の変遷について、器種ごとの変遷を提示したのは、韓惠先である。韓惠先は、京畿道地域から出土する陶器について、文献資料などを参考にして用途を推定し、大きく甕、壺、水汲甕、瓶、甑、碗などの器種に分類した上で、共伴する青磁を参考に編年をおこない、羅末麗初・高麗時代前期・後期の3期における器種ごとの継続期間を提示した（韓惠先2001・2003）。

　崔喆熙は瓶・壺・大甕を中心に編年をおこなった。その際に、統一新羅時代からの土器伝統の連続性に注目し、8世紀以後の窯、建物跡、墳墓などの遺跡を取り上げ、出土陶器の相対的な比較を通して、それらの遺跡の編年を試みた。その上で、高麗陶器の変遷過程からみた場合、統一新羅時代後期から高麗時代全時期を4段階に分けられるとした（崔喆熙2003）（図1-1）。

　多様な高麗時代の遺跡のなかから、廃棄年代が比較的良好である墳墓遺跡に着目し、墳墓出土高麗陶器の編年をおこなったのが朱榮民である。副葬されている銅銭の鋳造年代、および陶磁器の型式学を援用して四つの年代的画期を設定し、地域別出土様相を把握している（朱榮民2004）。

12

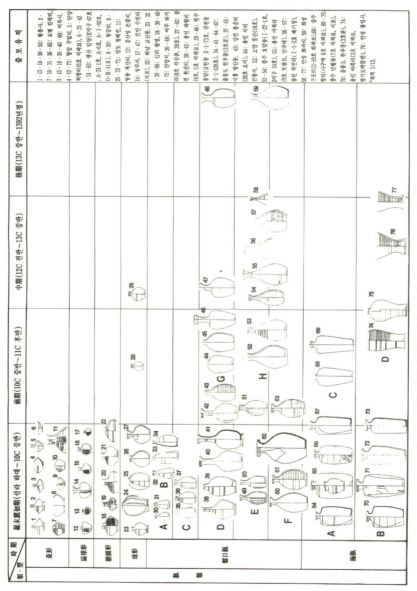

図 1-1 高麗時代陶器編年試案（崔喆熙 2003 より転載、縮尺は任意）

大壺を対象とした変遷案も宋閏貞によって提示されている。宋閏貞は、発掘調査をおこなった龍仁彥南里遺跡において、扁瓶に次いで出土数の多い大型壺に着目した。頸部の文様、胴部の突帯、内面のタタキなどの属性をもとに、7世紀後半から13世紀までにおける段階別の大壺の変遷案を提示した（宋閏貞 2007）（図1-2）。

　出土状況のよい沈没船出土資料を対象にして、壺類の編年案が申鍾國によって示されている。鎮鍾國は、容量によって器種を細分した上で、胴体と口縁部形態によって型式分類をおこない、長期、中期、短期に持続する型式についても把握した上で編年をおこなっている（申鍾國 2012）。

　また、統一新羅時代末から高麗時代初めにあたる羅末麗初期の土器・陶器を検討するにあたり、高麗陶器が含まれている研究もある。朴淳發は、属性の一つとして、盤口形口縁を取り上げている。おもに瓶類にみられる属性として、盤口形を示す「G型」を設定し、さらに、口縁部の傾斜や形状などによりG1〜G3に分類した。また、G型に類似しているものの、青磁にみられるものとして「H型」も設定した。その後、印花文・波状文などの文様や底部形態などとの属性同士の相関関係を把握し、段階の設定と絶対年代の比定をおこなっており、G1・G2の属性は、第3段階にあたりその上限を9世紀中葉、G3は第4段階にあたり、下限を10世紀前半までに比定した（朴淳發 2000）。

　編年に関連して、「施釉」に関する研究についても触れておきたい。後述するが、日本では、研究史上、赤司善彦が提唱した「朝鮮製無釉陶器」（赤司 1991）という名称が広く認識されており、現在でも使われていることもある。そのため、日本において高麗陶器といえば、「無釉」のイメージが少なからず存在している。しかし、韓国では1980年代より高麗陶器の施釉に関する議論が交わされてきた。高麗陶器の施釉に関する研究史は、韓惠先によって明瞭に整理されており（韓惠先 2019）、これを参考にしつつ施釉に関するこれまでの研究成果を整理すると、以下のようになる。

　崔健は、統一新羅時代後期様式に該当し、9世紀頃とされる保寧眞竹里窯跡出土遺物をもとに、施釉の存在を指摘した（崔健 1987）。

14

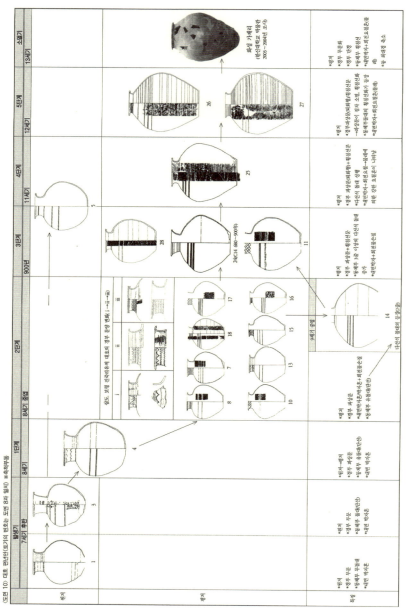

図 1-2 大型壺編年案（宋閨貞 2007 より転載、縮尺は任意）

姜景仁らは、羅末麗初の時期とされる、霊岩鳩林里窯跡出土遺物に対する自然科学的分析を実施した結果、陶器の釉層は、自然的ではなく、人為的に施釉され形成されたものと結論づけた（姜景仁・鄭昌柱 2001）。

　韓惠先は、これまでの施釉に関する研究史をまとめた上で、施釉を確認する方法として、自然科学的分析と肉眼観察があり、肉眼観察だけで自然釉や人工釉か判断することは困難であると言及した。そこで、直接肉眼で施釉を確認できる資料として、泰安馬島1〜3号船出土の高麗陶器を挙げ、かつ、高麗青磁にも施される「緑褐釉」に着目した。分析の結果、馬島1・2号船では施釉陶器はあるものの、緑褐釉陶器はなく、1・2号船よりも60年遅いとされる3号船で緑褐釉陶器が存在すると指摘した。さらに、墳墓資料でも同様な傾向が把握できるものがあり、緑褐釉陶器は高麗時代後期以降に本格的な使用が始まり、13世紀中頃に増加すると言及した。また、緑褐釉を使用する背景には、高麗時代中期までに蓄積してきた高麗青磁の技術を高麗陶器に積極的に適用した可能性を提起した（韓惠先 2019）。

（2）課　題

　これまでの編年に関する研究により、一部の器種や特定型式に関する時間的存続幅が把握されている。しかし、器種設定や器種分類をはじめ、研究者や報告者などの間において、共通した器種分類や編年観が確立していない。

　要因としては、編年の方法と資料的問題が介在しているといえる。高麗陶器の編年研究における一般的な方法としては、器形や口縁部形態の差により型式設定をおこなった上で、他の遺物の編年や理化学的方法によって求められた遺跡の年代にあてはめることで、各型式の時間的位置づけがおこなわれてきた。このような方法に対しては大きく二つの問題点を指摘できる。第一に、バリエーションによる型式設定であり、型式間の変化の方向性について総合的な検討をおこなった例がほとんどないこと。第二に、遺跡単位で各報告書の年代観に準拠することによって、各型式の年代が推定されていることである。報告書によって遺跡の年代を比定する方法は異なっており、個々の報告書の年代観を

そのまま採用することで、遺跡を時間的に配列しても、正確な時間的変遷を示しているとはいえないだろう。さらには、提示された編年案も、共伴関係や出土層位をふまえた型式学的研究方法などによる検証もほとんどおこなわれていない。よって、提示された編年案が、検証や追証がされないまま、そのまま一人歩きしているような状況も少なからず見受けられる。

　このほかに、年代の推定にあたり、遺物を遺構単位ではなく、遺跡単位に帰属する方法がみられる。窯跡の窯跡を対象にした研究では、遺構（窯）単位でなく、遺跡単位で資料を括り、年代を推定する方法が少なからずみられる。また、窯跡発掘調査報告書のなかには、表採資料も一括して報告されている場合があり、出土地点を確認して、資料を取り扱う必要がある。

4. 生産・窯構造に関する研究の現状と課題

（1）現　状

　高麗陶器窯について、最初に属性をもとにした詳細な分析をおこなったのが柳基正である。羅末麗初から高麗時代の土器（陶器）窯について、地域別に整理した上で、掘削方式や平面形態、窯構造の属性を時期ごとにみることにより変化を把握した。また、窯の長短比による比較をおこない、大型・中型・小型に分けられるとした。分析の結果、窯構造の細かな変化は把握できないものの、12世紀を境として、窯前方部の長い排水溝がみられなくなり、小規模化・小型化することから、陶器生産の萎縮を指摘した。その背景には、金属容器の盛行や磁器の普及、政治・社会の劇的変化により、陶器の需要が低下したと推察した（柳基正2005）（表1-1）。

　高麗陶器研究のなかで生産・流通について初めて論じた韓惠先は、その論考のなかで窯構造についても触れている。三国時代から統一新羅時代に続く土器窯の構造が高麗時代まで継続していることとした。その上で、高麗時代になってもあえて陶器窯の構造を変化させる必要がなかったと言及した（韓惠先2005）。

第 1 章　研究の現状と課題　17

表 1-1　登窯属性表（柳基正 2005 より転載）

區分	形態	細部形態	分類基準	模式圖
掘鑿方式	地下	地下窟	생토층을 완전히 굴착	地下窟　地下竪穴
		地下竪穴	생토층을 수직으로 굴착 후 천장 구축	
	半地下	天障粘土	생토 굴착 후 천장만 점토	天障粘土　窯壁粘土　窯壁構築
		窯壁粘土	생토 굴착 후 窯壁부터 점토	
		窯壁構築	굴착 후 요벽을 構築하면서 요벽과 생토면 사이를 점토로 뒤채움	
	地上	地上式a	요벽 基底部가 舊地表보다 낮음	地上式a　地上式b
		地上式b	요벽 기저부가 구지표와 동일 높이	
窯平面	短室	橢圓形	소성실 벽 중간이 팽만하고, 연소실과 소성실 벽신이 조여드는 형태	橢圓形　下寬上狹　上寬下狹　長橢圓形　細長形
		下寬上狹	소성실 뒤편이 좁고 연소실 쪽이 넓음	
		上寬下狹	소성실 뒤편이 넓고 연소실 쪽이 좁음	
	長室	長橢圓形	窯体가 長橢圓形을 이룸	
		細長形	窯体가 매우 細長한 형태	
火口	土築火口		아궁이를 점토로 구축	土築火口　石築火口
	石築火口		아궁이를 주로 석재를 이용해 구축 (火口橫石窯와 유사한 개념)	
燃燒室	垂直燃燒		아궁이에서 연료를 수직으로 투입	垂直燃燒　傾斜燃燒　水平燃燒
	傾斜燃燒		아궁이에서 연료를 경사방향으로 투입	
	水平燃燒		아궁이에서 연료를 수평으로 투입	
階部	無階		불턱이 없는 형식	無階　傾斜有階式　直立有階式
	有階	直立有階	직립된 불턱이 있는 형식	
		傾斜有階	경사진 불턱이 있는 형식	
窯床	無段	直登[34]	가마 바닥이 균일하게 오르는 형식	直登式　曲登式
		曲登	가마 바닥이 뒤로 갈수록 경사도가 높아지는 형식	
	有段	傾斜有段	段이 진 가마 바닥이 경사짐	傾斜有段式　水平有段式
		水平有段	段이 진 가마 바닥이 수평	
奧壁	直立		奧壁이 수직에 가깝게 직선으로 올라섬	直立　彎曲
	彎曲		奧壁이 彎曲되어 上部가 內傾된 형태	
煙道	垂直煙道		煙道가 奧壁 직상부에서 수직으로 透孔	垂直煙道　奧上傾斜　奧上水平
	奧上傾斜		奧壁 상부에서 煙道가 경사져 연결됨	
	奧上水平		奧壁 상부에서 煙道가 수평으로 연결됨	
	奧壁掘鑿	上部閉鎖	奧壁 중앙 절개 후 排煙孔이 아래에 위치하도록 폐쇄	上部閉鎖　下部閉鎖
		下部閉鎖	奧壁 중앙 절개 후 연도와의 경계부에 석축을 쌓아 배연공이 상부에 위치	

金女珍は、柳基正の分析方法を参考にしながらも、提示された属性すべてを高麗陶器窯にあてはめることは困難だとし、反映できる属性のみを抽出し分析した。さらに、窯構造だけではなく、窯の立地や分布状況、工房や灰原の周辺施設などにも対象を広げた。結果、窯構造は平面形態、排水溝の有無、焼成部床面の段の有無などから 3 段階を設定でき、2 段階に青磁生産の影響、3 段階に生産の萎縮があると指摘した（金女珍 2007）。

　ユン・ヒギョンは、平面形態、焼成部の断面形態、燃焼部・焼成部境界の段の有無などから窯構造を 6 型式に分類し、4 段階の時期変化を想定した。各段階の特徴として、1 段階（9・10 世紀）は大規模な生産、2 段階（10〜11 世紀）は生産の萎縮、3 段階（12〜13 世紀）は磁器や金属器の普及によるさらなる生産の萎縮、4 段階（13 世紀後半〜14 世紀）は、平面形態が円形の窯になり、京畿道に限定されると述べた（윤희경 2011）。

　高麗時代から朝鮮時代の陶器窯を分析したのは、キム・テホンである。11〜16 世紀の陶器窯を対象に、窯構築方法（地上式・地下式）、平面形態、焼成部の段の有無などの属性の組み合わせにより、窯構造を地上式と地下式の二つに大別し、さらに 5 型式に細分化した。このうち、地上式で平面形態が長楕円形のものは、青磁窯の影響を多く受けている一方、朝鮮時代前期にあらわれる地上式で平面形態が細長方形のものは、磁器窯の影響から逸脱した単独の陶器窯であると指摘した（김태홍 2017）。

　高麗時代の中心地域であることを理由の一つとして、楊広道の窯を主対象に分析したのは、ソ・スンヒである。楊広道の地域的特徴を明らかにするため、一部の分析では、全羅道や慶尚道地域の高麗陶器窯も取り上げている。分析の結果、排水溝、燃焼部の段、焼成部の階段施設などの各有無の組合せにより、窯構造 8 型式に分類し、1〜3 期を設定した。3 期になるにつれて、窯が小型化し、要因として蒙古侵攻の影響があると結論づけた（서승희 2017）。

　キム・ソラは、焼成部の平面形態、焼成部の断面形態、燃焼部の断面形態の属性の関係より、窯構造を 3 型式 12 類に分類した。出土した高麗陶器の型式や AMS・考古地磁気測定値を参考にし、Ⅰ〜Ⅲ期に区分した。各時期の生産

様相として、Ⅰ期（9世紀後半～10世紀後半）は統一新羅土器様式の持続的影響があり、Ⅱ期（11世紀前半～12世紀後半）は窯規模の変化による生産力の増加、Ⅲ期（13世紀前半～14世紀後半）は、武人勢力、蒙古、倭寇による社会変化に伴い、手工業体制が崩壊し、陶器窯、遺跡数も減少すると結論づけた（김소라 2019）。

近年、高麗陶器全般に関する研究を総体的にまとめた韓惠先は、窯の特徴について「時期・地域の傾向を確認できない」と指摘している。要因として、高麗陶器は、「国家基盤手工業に編成されず、自律的」であり、「地域性が強い、定型化された窯構造を把握することは困難」と言及した（韓惠先 2019）。

片山まびは、高麗陶器窯から朝鮮時代陶器窯への変遷について言及している。15世紀後半から16世紀に編年される慶尚南道淸道郡幕池里窯跡の構造は、細長いプランをなし、半地下式土築傾斜単室窯であり、高麗陶器窯と構造がかなり異なっていることを指摘した。つまり、遅くとも15世紀前半頃までは、高麗陶器の伝統が続いていたものと考えられるが、15世紀後半頃に新しい変化がみられ、窯構造の共通性より、灰釉陶器へと移行する段階で粉青沙器の窯の技術が導入されたことを想定した（片山 2005）。

（2）課　題

先行研究全般において、高麗陶器窯の構造を中心として、その特徴の把握が試みられてきた。高麗陶器窯の場合、窯前方部に排水溝が付くものや焼成部に段をもつものがあることがわかっている。また、時期的な変遷として、高麗時代後半に至ると、窯構造の小型化とそれに伴う生産の萎縮が指摘されている（柳基正 2005、윤희경 2011、서승희 2017 など）。このような陶器生産の変化の要因を政権交代や蒙古侵攻などの社会変化に求める見解もある（윤희경 2011、김소라 2019 など）。このほか、高麗陶器自体だけではなく、窯構造まで磁器の影響があったという指摘もある（김태홍 2017）。

しかし、窯構造に関する分析方法をはじめとして、次のような問題点を指摘できる。

まず、窯の時期を特定する方法である。これまでにも述べてきたように、高麗陶器は、現在でも共通した認識を持ち得るような編年が未確立である。そのため、遺構の年代を推定するにあたっては、共伴する高麗青磁や理化学的方法が用いられることが多い。さらに、共伴遺物からの年代推定の場合は、各遺構ではなく、遺跡単位で取り扱われることも多々見受けられる。そのため、群集した窯の場合、一括した年代観が付与されることもある。

　次に、窯と陶器の帰属関係についてである。報告書によっては、遺構と遺物を分けて記載されることがあり、その場合、遺物1点1点の出土位置を抑える必要がある。しかし、このような作業をおこなっていない、もしくはおこなうことができないこともあり、先行研究のなかには、高麗陶器窯と断定できないものも対象資料として含まれていることがある。また、残存状況がよくない窯が含まれることがあり、窯構造が正確に把握されていない場合がある。

5. 消費・用途に関する研究の現状と課題

（1）現　状

　高麗陶器研究の動向をみたとき、編年や時間的変遷に伴う形態・器種の変化などに関する研究は比較的多い一方で、消費に関する研究は、あまり検討されていないテーマの一つである。

　高麗陶器の学術的価値を最初に説いた鄭明鎬は、すでに用途や消費にまで言及している。宋の使臣として高麗へ赴いた徐兢による見聞録『高麗図経』の記事を参考にしつつ、甕は、飲用水や酒の貯蔵具として利用され、少なくとも毎戸1個以上あり、さらに調味料や醤類の存在も考慮すると、より多くのものがあると推定した（鄭明鎬 1986）。

　その後、流通、用途と量制などの研究は、韓惠先によっておこなわれている。生産・流通について、共通した編年観が未確立であることを前提にしながらも、高麗陶器窯とその近隣に立地する消費地と考えられる遺跡との関係を検討している。その結果、高麗陶器の器種は大形器皿を主流とすることから、長

距離運搬には不適であり、消費地からの注文をうけて近隣の窯で生産した可能性を指摘した（韓惠先2009［日本語：韓惠先2005］）。用途については、完形品が多く出土した泰安馬島1・2号船出土の高麗陶器を対象とし、出土位置や文献記録などをもとに船上での炊事や水溜などに使用したとする船上生活品と、内容物や木簡などの検討から貢納品も含めた食料運搬品を想定している。さらに、壺類を対象にした分類をおこない、容量まで分析した結果、各型式の容量が高麗時代の量制を一定程度反映している可能性も提示した（韓惠先2012b）。

高麗時代遺跡の発掘調査において、比較的出土状況が把握しやすく、かつ残存状況がよい、埋納された大型壺をはじめとする陶器などの検討もいくつかみられる。

金成泰は、建物跡から出土する埋納陶器について、地鎮・鎮壇具と位置づけ、統一新羅時代から朝鮮時代を対象にその性格について検討した。高麗時代の特徴は、出土例の大部分が寺跡であるが、統一新羅時代と比較して、一般家屋へも地鎮・鎮壇の行為が広がったと指摘した（金成泰2005）。

玉城真紀子は、埋納陶器の集成をおこない、器種、出土位置、埋納方法などを検討した。その結果、埋納陶器は、建物跡などの生活空間に隣接して出土することが多く、器種も多様であると述べている（玉城2021）。

宋閏貞は、統一新羅時代末期から高麗時代初めにあたる羅末麗初を中心とした大型壺の消費・用途について、これまでの発掘調査における出土状況をもとに、貯蔵、埋納、便所、井戸などにも使用されていることを把握した（宋閏貞2007）。

このほか、発掘調査成果の考察において、出土状況に関する詳細なる観察からの検討もみられる。キム・ハナは、榮州金光里遺跡から出土した大型壺の内部に大量の木炭が確認でき、その上部が焼土に覆われていたことから、乾燥・密閉のためのものではないかと推定した。また、類似例として、南原實相寺出土の大型壺を挙げ、ここでは、竪穴と陶器の間に黄色の粘土帯がみられ、陶器内部の発酵食物を守るために外部からの水を防止したものと指摘した（김하나

2018)。

　さらに、高麗陶器の内容物についても、動物考古学の分野からの分析がみられる。内容物がそのまま残るといった残存状況がよい陶器が多く出土した沈没船の発掘調査の増加が契機となっている。金建洙は、泰安竹島高麗青磁宝物船、泰安馬島1号船から出土した陶器の内容物を調べた結果、小魚類の骨が多いことを把握した。その上で、共伴した竹簡および木簡に記載された「古道醢」や「蟹醢」を参考に、陶器のなかには雑塩辛が入っており、船上での船員たちのおかず、または、開城の人びとへの食物として船に積んでいたと推測した（金建洙2011）。

（2）課　題

　高麗陶器の主用途が貯蔵であったことが明らかにされている。貯蔵される内容物についても、『高麗図経』や共伴した木簡・竹簡などの検討を通した推定がおこなわれている（金建洙2011）。また、貯蔵以外の用途として、地鎮・鎮壇具、羅末麗初の時期における大型壺に限っては便所や井戸への転用例も把握されている（金成泰2005、宋閏貞2007、玉城2021など）。さらに、泰安馬島1・2号船出土の陶器をみると、容量に数種類の規格性があることから、工人が量制を意識して製作した可能性も示されている（韓惠先2012b）。

　しかし、高麗陶器の消費や用途などについて、おもに「貯蔵」という認識が定着していることもあり、他の様相の可能性を検討することが少ないことが課題である。実際に、高麗陶器のおもな用途は、貯蔵・運搬であると考えるが、事例は少ないものの、他の類例もわずかながらにみられることから、通時的に整理する必要がある。

第2節　日本における高麗陶器研究の現状と課題

　日本では、高麗陶器について、大きく二つのテーマで研究が展開されてい

る。日本出土資料を対象とした消費様相に関する研究と類須恵器（カムィヤキ）との比較に関する研究とがある。

　日本における高麗陶器の研究は、消費地という視点から遂行されてきた。すなわち、生産地の様相をふまえた高麗陶器の研究というよりは、中世の遺跡に関する発掘調査例が増えるにつれて、輸入陶磁器の出土も増加するなかで、その一つの製品として高麗陶器を抽出し、その特徴が把握されてきた。言語的な問題も介在しているが、韓国での高麗陶器全般にかかわる研究成果を参照したような研究はほとんどみられない。類須恵器（カムィヤキ）との比較で、韓国出土高麗陶器の事例が取り上げられているものの、韓国の一部の地域に限定された資料のみである。韓国における高麗陶器の研究全体をふまえた日本側の研究は皆無に近い。

　本節では、日本出土の高麗陶器がいかに認識され、把握されていったのか。また、類須恵器（カムィヤキ）との関係はいかなるものか。このような視点から、日本出土資料と、高麗陶器を比較対象とした類須恵器（カムィヤキ）に関する研究状況を整理する。

1. 日本出土の高麗陶器に関する研究の現状

　日本では、これまでに、九州と琉球列島から高麗陶器が出土している。今後、高麗陶器の認識や識別するための基準がさらに整備されれば、これらの地域以外で発見されることも考えられる。九州・琉球列島で出土する場合、先行研究でも指摘されているように、高麗青磁とともに発見されることが多い。高麗青磁の出土範囲をみると、数量の多寡はあるものの、北は東北地方までみられる。よって、今後、高麗青磁出土遺跡を対象として、出土資料を整理することで新たに高麗陶器を把握できる可能性はあるものと考える。

　さて、本項では、現在までに出土が確認されている九州・琉球列島のおける高麗陶器研究の現状を把握することにする。

　日本から出土した高麗陶器を最初に認識したのは前川威洋である。大宰府に

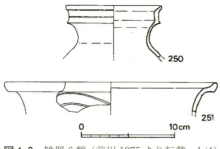

図1-3 雑器6類（前川1975より転載、1/4）

おける御笠川条坊跡から出土した資料の報告がある。前川は、出土した陶磁器を分類し、「雑器6類」を設定した。特徴は「薄手で暗青灰色を呈し、胎土は暗褐色である。ロクロの跡がよく残っている」としている（前川1975）。しかし、この段階では、雑器6類が高麗陶器であるという断定までには至っていない。このことに関して、山本信夫は「20年程前に前川氏が大宰府の発掘出土例で注意し、高麗陶器と推定していたが、朝鮮半島の報告は少なく断定するには到らなかった」と述べている（山本2000）。山本の証言からもわかるように、前川が「雑器6類」を高麗陶器と推定していた可能性が高い。よって、この報告をもって、日本での高麗陶器の存在が初めて確認されたといってもよい。筆者は、馬田弘稔氏と九州歴史資料館のご厚意により、2010年に御笠川南条坊遺跡の出土遺物について未報告資料を含め、実見する機会を得た。その結果、前川が分類した「雑器6類」がほぼ高麗陶器であることを確認できた。つまり、日本においてはすでに1970年代には高麗陶器への関心が払われており、このことは、日韓の高麗陶器研究においても比較的早い段階であったことがわかる。前川が分類・報告した雑器6類は、図1-3である。後述する本書での器種分類でいうと、高麗陶器の大型壺と盤口瓶、もしくは壺にあたる。

　1970年代には高麗陶器が認識されていたものの、その存在が確定されるまでにはそこから少し時間を待たなければならない。1991年、赤司善彦によって、高麗陶器に関する特徴や北部九州を中心とした出土様相がまとめられた。この論考を契機として、日本における高麗陶器の存在が確証的になるとともに、広く認識されるようになる。共伴土器の年代より、高麗陶器の流入の画期が11世紀後半にあるとした。高麗陶器の流入には、『高麗史』からわかる日本商人（使）による積極的な高麗の進出と非常に密接なつながりがあることを想

定している（赤司 1991）。

　高麗陶器の存在が確証された後、九州における各遺跡や地域別の出土様相がしだいに把握されていく。

　まず、山本によって、九州出土高麗陶器の分布や時期などについて把握された。出土分布は、北部九州を中心として、南限は九州の中部と、出土する範囲は限られている。出土年代は 11 世紀後半から 12 世紀前半を中心として、13 世紀には出土が停止する。また、高麗陶器の分布・出土年代は、初期高麗青磁の様相とも一致しており、遺構内での共伴例もみられることから、同じ時期に日本へと輸入されたことを想定した（山本 2000）。その後、山本は、日本にもたらされた無釉陶器の一つとして、統一新羅・高麗時代の無釉陶器を取り上げた。大宰府・鴻臚館・博多から出土した高麗陶器について、韓国での出土例や中国産陶器と比較しながら、製作技術や胎土の特徴を把握した（山本 2003）。

　新里亮人は、類須恵器（カムィヤキ）が出土した遺跡を集成するなかで、カムィヤキ古窯跡群以外の製品の一つとして、高麗陶器が存在することを明らかにした。徳之島ミンツィキタブク遺跡、喜界島向田遺跡、沖縄本島糸洲グスクから高麗陶器が出土していることを把握した。高麗陶器を判別する基準として、細格子目の叩打痕を残し、胴部に三角形の凸帯を貼り付けることなどの特徴を挙げている（新里 2003）。

　赤司は、高麗時代の陶磁器と九州・南島のかかわりを整理するなかで、高麗陶器についても取り上げた。博多・大宰府で出土している高麗陶器の器種は、壺・甕類がほとんどであると指摘した。年代について、博多を拠点に流入している高麗陶器は 11 世紀後半から 12 世紀代に集中していると言及した（赤司 2007）。

　江上正高は、先述した山本による研究を基礎としながら、長崎県出土の高麗陶器を把握した。すでに報告された資料や未報告資料について再検討し、新たに高麗陶器の存在を確認した。高麗陶器の流入背景について、肥前西部や五島列島では少ない傾向であることから直接的交易はおこなわれていないとした。その上で、中国産陶磁器の出土量も多いことから、中国・宋商人が介在した間

接的な交易の存在を想定した（江上 2010）。継続して、肥前地域（長崎県、佐賀県）出土高麗陶器も把握した（江上 2012）。

佐藤一郎は、博多における日麗間の交流を示す資料の一つとして高麗陶器を取り上げている。高麗青磁のように、それ自体が商品ではなく、容器としての使用を想定した。1079（承暦3）年に高麗から医師派遣の際に、王則貞が牒状に副えて持ち帰った信物のなかに香料の麝香十臍があったという記録から、それが高麗陶器に納められていた可能性を推測した（佐藤 2006）。

2. 高麗陶器と類須恵器（カムィヤキ）の比較に関する研究の現状

カムィヤキとは、11〜13世紀頃に鹿児島県徳之島のカムィヤキ古窯跡群において生産された陶器のことである。琉球王国成立前にその版図に、中国産玉縁白磁、西彼杵半島産滑石製石鍋とともに、分布域をもつ。そのため、この三つの遺物は、琉球列島において、グスク時代から琉球王国時代への移行する様相を考古学からせまることができるものとして注目されている。

類須恵器（カムィヤキ）[3]は、形状や色調などから高麗陶器との類似が指摘されている。類須恵器（カムィヤキ）と高麗陶器との比較研究として、おもなものを挙げると次のとおりである。

赤司は、自身が採集したカムィヤキ資料と、慶州王宮跡から出土した統一新羅時代から高麗時代の陶器について、器形や製作技術などを比較した。結果、両者の壺類は共通する類似性を見いだし得ることを示した（赤司 1999）。

吉岡康暢は、カムィヤキの生産技術と器種組成の特質を明確にした上で、下り山窯跡、高麗陶器、中国陶磁と比較し、高麗陶器との関係にも言及した。高麗陶器の壺にみられる「盤口」がカムィヤキにみられないことを指摘した。このような検討の結果をもとに、カムィヤキは、高麗系陶技をベースに、中国系器種をとりこみ、地域性の強い複合的な型式群を創出したという見解を示した（吉岡 2002）。

新里は、カムィヤキ古窯、下り山窯、高麗陶器窯である瑞山舞將里窯の三つ

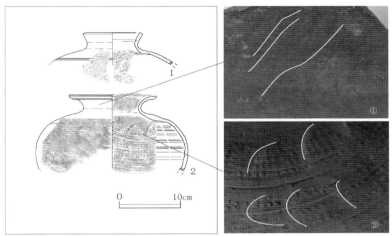

a：カムィヤキの製作技法（1：伊佐前原第一遺跡　2：徳之島カムィヤキ陶器跡）

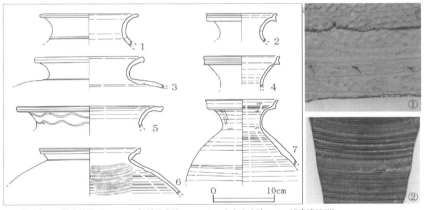

b：高麗陶器の製作技法（1～4：舞将里窯跡　5、6：大宰府史跡　7：博多遺跡群）

図 1-4　カムィヤキと高麗陶器の製作技法の比較（新里 2020 より転載、縮尺は任意）

の窯を対象として、製品の製作技術と窯体構造に関して、比較・検討した（図1-4・5）。その結果、製品ではカムィヤキと高麗陶器が技術的に密接な関係があり、窯体構造では三つの窯とも親縁性が高いことを指摘した（新里 2004・2020）。

28

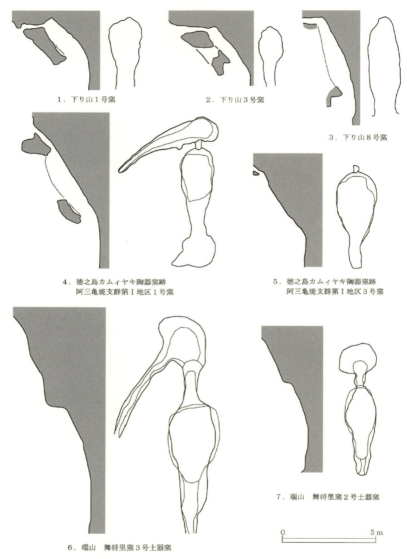

図 1-5 下り山窯・カムィヤキ陶器窯跡・舞將里窯の窯体構造（新里 2020 より転載、1/200）

赤司は、これまでの高麗陶器とカムィヤキの研究動向をふまえつつ、自身の考えを加え、器種、製作技術、胎土、焼成技術、窯の観点から比較し、次のように整理した。器種について、カムィヤキには、高麗陶器にあるような豊富な器種がぬけ落ちていること。製作技術は、器体の成形からヨコナデ調整を施す一連の技術や波状文施文は基本的に同じだが、高麗陶器にある胴部凸帯はカムィヤキには認められないこと。焼成技術について、全体の印象として、高麗陶器は薄手でかつシャープに仕上がっているが、破片資料のみでは両者の識別が難しいこと。窯の平面形状は類似していること。これらのことより、技術全般にわたってそのまま移入されたのではないとしながらも、カムィヤキ窯の成立に高麗陶器の製作技術が直接伝わった可能性は高いと言及した（赤司2007）。

3. 日本における高麗陶器研究の課題

　これまでの研究の到達点としては、まず、九州・琉球列島出土高麗陶器について、分布や器種などが把握されていることである。九州・琉球列島出土の高麗陶器の分布は、北部九州が中心であり、琉球列島でも出土が確認されている。器種は壺・甕類がほとんどであることが指摘されている。
　次に、高麗陶器と類須恵器（カムィヤキ）との関係についても議論されている。高麗陶器と類須恵器（カムィヤキ）とでは、製作技術や窯構造などで類似がみられ、その関係性が示されている。両者の系譜関係に関する先行研究の成果は、すでに赤司によって明確に整理されている。それを参考にすると、カムィヤキの成立は、在地ではなく他地域のその源流を求める考え方が主流である。しかし、その系譜には複数の考え方がある。九州の肥後産中世須恵器、高麗陶器、九州と韓半島の両方などであるということである。
　しかしながら、九州・琉球列島出土資料、あるいは、類須恵器（カムィヤキ）との比較研究において、韓国での高麗陶器研究の成果があまり反映されていないという問題がある。つまり、日本出土高麗陶器の比較にあたり、韓国での高麗陶器研究の成果が用いられていない。貿易陶磁器に関する研究は、生産

地が海外にある場合、言語が異なることもあり、生産に関する情報が消費地にまで届きにくいことがある。そのため、消費地からの視点で語られることが多い。高麗陶器と類須恵器（カムィヤキ）の比較研究においても、比較・検討は試みられているものの、対象資料は、高麗陶器のなかでも一部の資料のみに留まっている状況である。

第3節　問題の所在と本書の目的

1. 問題の所在

高麗陶器の編年や生産・消費に関する先行研究における問題点としては、大きく、下記の6点を挙げられる。

問題点1　編年の未確立

これまでの編年研究によって、一部の器種や特定型式に関して、その時間的存続幅が把握されている。しかし、研究者ごとに論が進められてきた感が強く、器種設定も含め、研究者や報告者などの間において、共通した器種分類や編年観が確立していない。

問題点2　器種を横断した検討の欠如

高麗陶器には、多種多様な器種や、各器種における流行時期や消長、高麗青磁や金属器などの他素材の器の影響を受けた器種の存在などが明らかにされている。しかし、器種単体での検討が多く、「器種構成」の視点からの分析が不足している。

問題点3　窯と生産された陶器との関係が未検討

高麗陶器窯の構造的特徴や時期的な変遷、磁器窯の影響などが把握されている。しかし、高麗陶器研究全般においてもいえることであるが、遺物、もしくは遺構単位での個別研究が主体となっており、遺跡での器種の組合せやそれを生産した窯との関係性まで含む視点に立った研究が少ない。最近では窯跡関連

施設にまで論じている研究が一部ではあるものの、窯の構造の分類を中心とした窯のみを対象とした個別研究に終始しており、そこで生産した陶器と関連づけた研究は皆無に近い。

問題点4　消費・用途に関する検討の不足

　高麗陶器の主用途は貯蔵であり、内容物についても検討されている。また、貯蔵以外の用途や転用例、容量性の規格性の可能性なども把握されている。しかし、消費や用途に関しては、高麗陶器研究のなかでも十分に議論がなされていないテーマの一つである。貯蔵以外の用途に関する検討が十分でなく、かつ、時間的変遷の観点もふまえられていない。

問題点5　日本出土高麗陶器や類須恵器（カムィヤキ）に関する検討の不足

　九州・琉球列島出土高麗陶器について、分布や器種などが把握されている。また、高麗陶器とカムィヤキとでは、製作技術や窯構造などで類似がみられ、その関係性が示されている。しかしながら、九州・琉球列島出土資料、あるいは、類須恵器（カムィヤキ）を分析するにあたり、韓国での高麗陶器研究の成果があまり反映されておらず、比較・検討が不足している。

問題6　生産と消費を結びつけた検討の欠如

　これまでの高麗陶器研究は、編年、生産、消費など個別のテーマで進められてきた。そのため、それらを総括した研究が皆無に近い。唯一、韓惠先によって、高麗陶器の概念から、生産、消費・用途、器種、変遷過程、さらには、高麗青磁や銅器の相互関係まで、総体的にまとめられている（韓惠先2019）。

　しかし、いくつかの問題点もある。特に、高麗陶器の時期区分については、高麗陶器の変遷からではなく高麗青磁の時期区分にあわせている。また、結論の一つとして、高麗青磁を中心として、それを補完する高麗陶器という視点に立っており、検討の余地がある。検討生産・消費の関係から高麗陶器を論じた研究はこのほかになく、十分に検討されているとはいえない状況である。

2. 本書の目的

　本書では、高麗陶器の生産・消費様相の変遷過程を明らかにすることが目的である。高麗陶器に関する研究は十分であるとはいえない状況であることから、まずは、器種分類や編年などといった基礎的研究からおこなうこととする。次に、器種分類や編年などに関する分析結果をもとに、生産面では、窯構造を中心としながら、朝鮮時代への変化も含めた変遷過程や特定の器種生産に特化した窯などを、消費面では、時期ごとの大型壺の用途や日本出土資料の様相などについて、時間的変遷のなかに位置づけながら検討していく。
　最後にこれらの分析結果をもとに、生産・消費からみた中世東北アジア陶磁史における高麗陶器の特質を解明する。
　ただし、次章以降、本書で取り上げていく高麗陶器は、必ずしも全体を示している訳ではなく、一部の資料のみになってしまう状況がある。なぜならば、高麗の首都であった開城が、現在は朝鮮民主主義人民共和国（以下、北朝鮮）に所在しているためである。当時の歴史的状況を復元するにあたり、従来ならば、国家の中心地である首都、ならびにその付近の資料を取り上げ、分析することが有効である。これらの資料は、当時の政治・外交などの国家にかかわる動向とより強く関係している場合が多く、当時の社会状況を如実に復元できる可能性が高い。しかし、北朝鮮における高麗時代の物質文化に関する情報は、現状で、ごく一部しか入手することができない。本書で対象としている高麗陶器も同様である。だからといって、手をこまねいていては、いつになっても研究の進展を見込むことができない。
　よって、本書では高麗陶器研究の停滞を打開するためにも、韓半島南部にあたる現在の大韓民国（以下、韓国）や日本を中心として、限られた資料のもとではあるが、高麗陶器の生産と消費の実態を解明すべく本論を進めていく。

第4節　資料・方法・用語の整理

1. 対象資料

　おもな対象資料は、韓国や日本で出土した高麗陶器、および、高麗陶器が出土した遺構である。

　第2章第2節の器種分類では、一部に窯跡出土を含むが、消費遺跡出土を中心とした完形資料を、第3節の編年では、大型壺の完形資料、ならびに残存状況が良好な破片資料（口径復元可、頸部より上部が残るもの）を、第4節では、消費遺跡・窯跡出土に加え、近年霊岩群に寄贈された盤口瓶・壺も対象にした。第5節の器種構成の分析では、窯跡出土資料のうち、大型壺の残存状況が比較的よく、時期の特定が可能であり、かつ、複数器種が共伴しているものをおもな対象とした。

　第3章第2・3節の窯構造分析では、楊広道（現在の京畿道・忠清道）地域と慶尚道・全羅道地域を対象とした。理由は、これまでの発掘調査において、上記地域において高麗陶器窯跡が多く見つかっているためである。そのなかでも、大型壺が出土し、かつ、構造のわかる残存状況のよい窯を抽出し、分析の対象資料とした。

　第4章の大型壺の消費・用途に関する分析では、消費遺跡から出土した大型壺、特に完形資料を対象とした。

　第5章の日本での消費に関する分析では、九州・琉球列島で出土した高麗陶器を対象とした。

　なお、対象資料の詳細は、各章にて提示する。

図 1-6 高麗時代後期の五道・両界（武田 2000 を参考に作成）

2. 方　法

（1）時代区分

　一般にいわれている高麗時代（918～1392 年）をおもな対象とする。ただし、高麗陶器の特質を把握するため、前後の時代にあたる統一新羅時代や朝鮮時代の陶器や甕器などを一部含むこととする。

（2）地域区分

　基本的には、現在の韓国にあたる地域の資料が中心となる。第 3 章第 2・3 節では、高麗時代に設定された「五道・両界」にもとづく地域区分を用いる。995 年に開城府に赤県・畿県が所属され、全道が 10 道に分けられた。その後に「五道・両界」として高麗時代後期に整備されたものである（図 1-6）（武田 2000）。このうち、現在の京畿道と忠清道に所在する窯を「楊広道地域」として、現在の慶尚道・全羅道は、高麗時代でも同じ名称であるため、そのまま「慶尚道地域」「全羅道地域」として取り扱った。

（3）方　法

　第 2 章第 2 節では、先行研究の成果を参考にしつつ、完形資料に対する全体プロポーションをもとにして器種分類をした。その際、破片資料にも適用でき

ることを目的として、特に口縁部形態や胴部形態からでも把握できることを意識した。なお、器種分類にあたっては、日本人研究者が海外資料を取り扱うこともふまえ、器種設定の基準やその名称については、契丹土器の研究例（臼杵2012）も参考にした。

　第2章第3節の大型壺の編年では、口径のヒストグラムの傾向より大型壺の基準を設定した。その上で、大型壺の頸部と波状文形態を対象とした属性分析をおこない、型式を設定した。その後、型式変化の方向性を共伴遺物の年代で検証し、実年代を付与して編年を提示した。なお、属性分析や型式分類にあたり、その方法については、田中1982、宮本・俵2002、岡田2003などを参考にした。具体的には、全般的な属性分析の方法について田中1982を、土器よりも高麗陶器に近い性質をもつ須恵器における属性分析の適用例について岡田2003を、海外資料における器種設定や各器種における型式分類の方法について宮本・俵2002などを参考にした。また、泰安馬島4号船出土資料を対象に、朝鮮時代移行期における大型壺の変化様相についても検討した。

　第2章第4節では、まず、盤口形口縁をもつ器種を整理した。盤口瓶と盤口壺については、大型壺と同じく、口径のヒストグラムより、両者を区分する基準を設定した。そして、盤口・瓶の口縁部形態から型式分類をおこない、窯跡出土資料をもとに、各型式と大型壺の型式の対応関係から時間的変遷を分析した。

　第2章第5節では、各窯跡から出土する資料を器種分類し、共伴する大型壺との対応関係から器種構成の時間変遷や各器種の消長などを把握した。窯跡出土資料を扱った理由としては、高麗時代遺跡のなかで、ある程度の一括性が認められる資料であるためである。

　第3章第2節では、まず、楊広道地域における窯構造の型式分類をおこない、各窯から出土する大型壺との対応関係をみることで、時間的変遷を把握した。そして、時間的変遷に伴う規模や窯前方部に付設される排水溝の消長などについても検討した。第3節では、楊広道地域を対象とした分析方法を、慶尚道・全羅道地域の窯にも適用し、検討をおこなった。その上で、楊広道地域と

慶尚道・全羅道地域の類似と相違点を明らかにすることで、地域性の有無についても検討した。さらに、慶尚道・全羅道地域における朝鮮時代移行期の窯構造の様相についても予察した。第4節では、特定器種の生産に特化した窯に着目し、その時期について把握を試みた。

　第4章では、大型壺の編年をもとに、完形資料のサイズや時期ごとの出土状況の変化などを検討した。その上で、出土状況からみえる消費様相や用途などを考察した。

　第5章では、九州や琉球列島出土の高麗陶器の整理・集成をおこなった。韓国出土高麗陶器を対象とした編年や器種分類と比較することで、九州・琉球列島出土の高麗陶器の特徴を明らかにした。また、日本や琉球列島へ高麗陶器が流入する背景や用途について考察を加えた。

　第6章では、第2章から第5章までの分析結果をふまえつつ、高麗陶器の生産と消費に関する時間的変遷を整理した。その上で、高麗陶器の生産と消費からとらえられる画期について提示し、その特質について検討した。

3. 用語の整理

（1）高麗陶器という名称について

　本論を進めるにあたり、まず、整理しなければならない課題は、「高麗陶器」という名称についてである。なぜならば、これまでに日韓においてさまざまな名称で呼ばれてきたためである。韓国、日本の順に、各研究者による呼称とその理由について概観し、整理する。韓国側の研究では、「질그릇（土器）」（鄭明鎬1986）、「陶器」（韓惠先2001、朱榮民2004、金女珍2007など）、「질그릇（陶器）」（崔健1987、尹龍二1991）、「土器」（姜熙天1991、柳基正2005）、「질그릇」（韓惠先2003、崔喆熙2003）などと表現されてきた。

　まず、「陶器」について各研究者が提起している概念についてみてみる。

　崔建は、「ここでの陶器は、土器・瓦質土器・軟質土器・施釉陶器まで含み、磁器とは胎土の質で区分した」としている（崔1987）。一方、尹龍二は、まず、

窯施設を利用して生産されたこと、次に、『三國史記』『三國遺事』『高麗史』などの古記録にも土器という用語はなく、陶器、瓦器の用語が使用されていることから、「土器」よりも「陶器」を使うことが妥当であるとしている。また、漢字では「陶器」、ハングルで表記する場合は、朝鮮時代に広く使用されていた「질그릇」を使用することがふさわしいとも述べている（尹龍二 1991）。

徐美星は、土器よりも「陶器」の特徴を備えているという考古学的側面のほかに、文献史学的側面からみると、文献内で用いられた磁器という表現は青磁、白磁、粉青を意味し、その他の器皿については、細かな材質に関係なく「陶器」と呼ばれているとし、窯業工学的側面からも、炻器もしくは、陶器に近いためとしている（徐美星 1989）。朱榮民は、焼成温度と製作技術の面で前時期と区別する必要があるとし、さらには中国の例も挙げ、高麗時代につくられた無釉の窯で焼成された土から成る器を「高麗陶器」とした（朱榮民 2004）。金女珍は、朱榮民の概念規定に基本的には賛同するとともに、施釉にも着目している。高麗時代の陶器は、自然釉によって施釉が確認できるものはあるが、全体施釉されたものは稀であるとし、国語辞典上での「陶器」は、釉薬処理をした器を限定した意味なので、辞典上の定義とは異なると指摘している。その上で、文献資料では「陶器」の使用が確認でき、中国での場合、「陶器」は釉薬を使用しない土器として通用していることから、「陶器」という名称を使用するとした（金女珍 2007）。

次に「질그릇」と表現する概念についてである。

崔喆熙は、高麗時代に焼かれた磁器質以外の焼き物について、焼成度と性質において、土器と陶器のどちらにも適合しないものであるとし、崔淑卿の論考を参考にすることで「질그릇」という名称を採用している（崔喆熙 2003）。ここで参考にされている崔淑卿の論考をみると、『三國史記』では「瓦器」または「陶器」と記録されており、現在の国語辞典上の意味では、この二つの差は施釉の有無によると解釈でき、ハングル表記に直すと、瓦器は「질그릇」と陶器は「오지그릇」と表現されるとした。だが、朝鮮時代の文献でみられる瓦器を示す"瓦"と、陶器を示す"陶"は、漢文をハングルで解釈する際にすべて「질

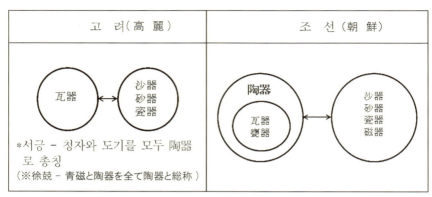

図1-7 陶磁器名称の時代別相互関係（韓惠先2012より一部改変・転載）

그릇」と表現されていることから、朝鮮時代に通用していた「질그릇」という名称を使用することで、施釉の有無に関係なく、さらには先史時代の土器との区分が可能になるとした（崔淑卿1987）。

このような議論があるなかで、近年、韓惠先が瓦器・陶器・甕器について文献記録に記されている用語とその概念について整理している。その結果、高麗時代まで「瓦器」という用語は、現在でいう高麗陶器に該当することなどを明らかにし、結果的に高麗時代から朝鮮時代において「磁器」と区分できる一群を「陶器」と総称することがもっとも適切であろうと結論づけている（韓惠先2012a）（図1-7）。

次に、日本側の研究において、以前は「朝鮮製無釉陶器」（赤司1991）、「高麗無釉陶器」（山本2003）などの用語が使用されていた。しかし、近年では多くの研究者が「高麗陶器」（赤司2007、池田2009など）と表現している。

高麗陶器という名称について赤司は、「無釉の陶器なので炻器の範疇に入りそうだが、陶石を原料としておらず、わずかに吸収性も認められるため、陶器の名称を用いている。高麗時代に生産された無釉陶器は、高麗青磁に対応させて、便宜的に高麗陶器と呼ばれることが多い」と述べている（赤司2007）。

以上のような各研究者が提起する概念や研究状況などをふまえ、筆者は、

「高麗陶器」という名称を尊重して使用したい。それは、韓国側における最近の研究においても「陶器」という名称を用いることが多くなっていることを評価し、その上で、今後のさらなる日韓での比較研究においても、ある程度の共通した認識を持ち得た名称であると考えるからである。ただし、名称を考えるなかで問題の一つとなっていることは、「施釉の有無」についてである。これに対して、筆者はひとまず、施釉されたもの、無釉のものをどちらとも含むこととしたい。

施釉の有無については、先ほどみてきた「陶器」と「질그릇」の呼称の違いにも起因している。施釉の有無に対して、確かに、筆者もいくつかの窯跡出土の資料を実見したが、大半が自然釉と判断される。しかし、すべてではなくとも、高麗陶器のなかには、霊岩鳩林里出土陶器のように、人工的に施釉されたものがあるという指摘もある（羅善華1999）。また、近年泰安馬島船での調査では、明らかに施釉されたと考えられる壺・瓶類も出土している（國立海洋文化財研究所2010・2011・2012）。[4]しかし、施釉の有無に関する問題に対しては、高麗陶器研究全体が基礎的な段階にある現況で、今すぐに解決できるものではなく、今後、より一層の精密な調査・研究が必要と考える。

すなわち、筆者が使用する「高麗陶器」とは、高麗時代において、窯で焼成された磁器質以外の器皿類を主とする。この場合、施釉の有無に関しては、施釉されたものと無釉のものを、どちらも含むこととしたい。また、「高麗陶器」と呼称した場合、時代名が頭につくため、前後の時期にあたる統一新羅時代と朝鮮時代における土器・陶器との系譜関係についても言及する必要性が生じてくる。特に、朝鮮時代における陶器（甕器）研究は、それ以前の時代のものと比べ進展しているとは言い難く、各時代における土器・陶器の明確な定義は難しいのが現状である。そのため、「高麗陶器」と便宜上呼称するが、一部、統一新羅時代や朝鮮時代の土器・陶器を含むこととなる。

（2）器種名称について

高麗陶器の器種名称について、先行研究では、漢字に変換できないハングル

でしか表現できない名称がいくつか挙げられている。また、漢字に変化できるハングル表記のものでも直訳すると日本では真意が伝わりづらい表現もある。

よって、このような器種名称については、浅川2004を参考にしながら、便宜上、以下のとおり漢字表記に変換した。以下、ハングルの後に（　）内に示したものが、漢字表記に直したものである。

　　자라병（扁瓶）、단지（壺）、항아리（壺）、주전자（水注）、장군（俵壺）、접시（皿）、잔・등잔（坏）、항（鉢）、주자（注子→水注）など。

なお、研究史における器種名称は、各研究者の意見を尊重し、論文ごとでの表現をそのまま使用している。そのため、本書で設定した器種と名称が同じであっても同様のものであるとは限らない。

（3）韓国における遺跡名や調査機関の表記について

本書においては、遺跡名や調査機関などは、基本的には、旧字体で表記することとした。これは、現在、韓国ではハングルでの表記が以前よりも多くはなっているものの、漢字で表記されることもある。その場合、旧字体が用いられることがあり、それに倣ったためである。また、本書では、韓国・日本の両国の資料も扱っていることもあり、日本所在の遺跡と見分ける基準の補助にもなると考えるためである。ただし、現在の日本でもあまりみられず、読みにくいような旧字体については、一部、新字体で表記している箇所もある。

（4）類須恵器とカムィヤキの名称について

本書では、「類須恵器（カムィヤキ）」と表現している。これは、次のような池田榮史が提起している見解を尊重するためである。

類須恵器とカムィヤキについて、消費遺跡出土資料を対象とする場合は、「類須恵器」と「カムィヤキ古窯跡群」とを分けるべきであると述べている。なぜならば、消費遺跡出土類須恵器に対する胎土分析の結果、カムィヤキ古窯跡群採集資料と異なる成分をもつものの存在が確認されているためである。このことから、すべての類須恵器がカムィヤキ古窯跡群で生産されたとは断定でき

ないということである。今後の分析により、カムィヤキ古窯跡群のみが類須恵器を焼成した窯跡群であると確定した時点で、「類須恵器」の名称を取り下げて、統一した名称で呼ぶべきであろうという見解を示している。ただし、これまでの型式学的検討をはじめとする考古学的研究成果からすれば、カムィヤキ古窯跡群以外の類須恵器の製作窯跡が存在することは現実的に考え難いとも言及している（池田2005）。

　以上のようなことをふまえ、本書でも、消費遺跡出土のものは「類須恵器（カムィヤキ）」、カムィヤキ古窯跡郡出土のものは「カムィヤキ」と表現することとする。

　註
（1）羅末麗初の土器・陶器の変遷や変化様相については、朴淳發や邉永煥などの研究がある（朴淳發2000、邉永煥2007など）。
（2）本書の器種分類は、第2章第2節で示すが、宋閏貞のいう大壺は、本書でいう「大型壺」に該当する。
（3）本書では、「類須恵器（カムィヤキ）」と表現している。その理由については、第1章第4節3にて後述する。
（4）本書第2章第4節5において、施釉に関する予備的検討をおこなった。しかし、限定した資料のみでの検討であり、さらなる検討が必要である。

第2章　高麗陶器の分類と編年

第1節　本章の課題

　高麗陶器の器種は多種多様であるといえる。これまでの研究においても、さまざまな器種設定でおこなわれてきた。そのため、器種分類の基準も、研究者ごとに多様である。

　器種分類に関して、先行研究をみると、全体器形の把握を優先するがあまり、完形資料を中心とした分類に主体が置かれる傾向にある。この背景には、高麗時代の資料的制約があると考える。高麗時代遺跡の場合、複数の時期にまたがることがあり、遺構や層位での把握が困難で、かつ、破片資料が多数を占めるなど、良好な状態での一括遺物としての検出が難しいようである。そのため、必然的に資料状態がよい墳墓や沈没船などから出土した残存状況のよい資料が研究対象になることが多い。そのためもあり、個別の器種での検討に留まっているように見受けられる。

　上記のような課題を解決するため、本章では、器種分類と編年、器種構成の時間的変遷など、本論を進めるにあたっての基礎を構築する。

　器種分類にあたっては、先行研究の成果を一部参考にしながら、器形全体の形態を正確に把握するため、消費遺跡出土資料を参考にする。今後の分析にも援用できるように、破片資料、特に口縁部形態や胴部形態からでも把握できることを目的とした。編年の主体は、多様な器種が存在する高麗陶器のなかでも、大型壺を対象として型式分類をおこなう。その理由は、時間的変遷に伴う

型式変化を把握しやすいこと、口縁部形態や口径などから破片資料でも器種の特定が容易であることなどを挙げることができる。変化の方向性を想定した型式分類をおこなった後、大型壺に関する紀年銘資料や共伴遺物を参照することにより各型式間の実年代を比定し、韓半島全体における高麗陶器大型壺の編年を提示する。

　大型壺のほかに、日本出土資料で多く確認されている盤口瓶・壺についても編年を試みる。さらに、器種分類の成果をもとに、ある程度の一括性が認められる窯跡出土資料を対象にして、時間的変遷に伴う器種構成の変化についても検討する。

第2節　器種分類

　分析対象とした遺跡を中心に、大きく以下の2点に留意して器種分類をおこなうこととする。

　1点目に、本論では器種分類後に、窯跡出土資料を対象とした器種構成の変遷の分析を前提にしている。そのため、破片資料、特に口縁部形態や胴部形態からでも把握できることを目的とした器種分類をおこなう。

　2点目に、高麗陶器が海外・韓国の資料であり、国を越えてある程度共通できる認識を持ち得る分類基準を提示する必要がある。契丹の土器を対象に器種分類をおこなった臼杵勲は、器種分類にあたって以下のような注意を促している。

　器種分類は、各国間で統一されておらず、また陶磁器研究と一般的な考古学研究の間にも違いがあるため、組成や器種別の変遷を考察する場合に、研究者間に齟齬が生じる場合がある。そのため、内容の誤解が生じないようにする必要性がある。その上で、地域や時代を越えた比較検討をおこなうために日本の土器分類の基準を用いる。大別や中間の分類に差があるが、最終的な区分において、名称以外はほとんど差がなく区分されるので、分析・考察の結果に大き

な問題は生じないと考えると指摘している（臼杵 2012）。

　高麗陶器の場合も同様な状況にあると考えられることから、臼杵の指摘をふまえて、器種分類をおこなうこととしたい。具体的には、韓惠先の分類（韓惠先 2019）を中心としながら、これまでの研究成果も参考にすることで、韓国人研究者の方々ともある程度の共通認識を持ち得るような器種分類の提示をすることとする。

　高麗陶器の器種は、壺類、鉢類、甕、瓶類、その他製品などに大きく分けることができる（図 2-1・2）。以下、各器種の特徴について説明する。

1. 壺　類

　壺類とは、一般にいわれるように、頸部最大径と胴部最大径の差が顕著になるもので、瓶より口径が大きいものである。頸部形態と口縁部形態により、以下の五つに分ける。

　　大型壺：口径 20 cm 以上を目安とし、頸部を有するもの。頸部に波状文が
　　　　　　施されるものがある。
　　細頸壺：やや長い頸部をもち、頸部が狭まった後に口縁部が外反するもの。大型壺と同様、頸部に波状文が施されるものも一部にみられる。
　　短頸壺：口縁部が短く「く」の字状に立ち上がるもの。
　　無頸壺：頸部をもたず、胴部より直に口縁部として立ち上がるもの。
　　盤口壺：口縁部の下部から上部にかけて「盤」のように立ち上がるもの。胴体の一部が扁平を呈する「扁壺」もある。

大型壺を口径 20 cm 以上にした根拠は本章第 3 節にて詳述する。

　盤口壺については、瓶にも「盤口瓶」と呼ばれる盤口形の口縁部形態を呈するものが確認できるが、口径や口縁部側面などに違いがあり、それを基準に区分することとする。詳細は、本章第 4 節で詳述するが、まず、口径は 8 cm を基準に、原則、盤口瓶と盤口壺に区分した。また、口縁部側面形態にも差異が

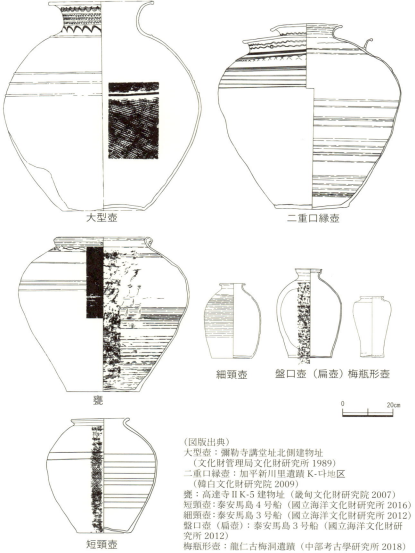

(図版出典)
大型壺：彌勒寺講堂址北側建物址
　　　（文化財管理局文化財研究所 1989）
二重口縁壺：加平新川里遺蹟 K-다地区
　　　　　（韓白文化財研究院 2009）
甕：高達寺ⅡK-5建物址（畿甸文化財研究院 2007）
短頸壺：泰安馬島 4 号船（國立海洋文化財研究所 2016）
細頸壺：泰安馬島 3 号船（國立海洋文化財研究所 2012）
盤口壺（扁壺）：泰安馬島 3 号船（國立海洋文化財研究所 2012）
梅瓶形壺：龍仁古梅洞遺蹟（中部考古學研究所 2018）

図 2-1　高麗陶器器種分類図　壺類・甕（各報告書より一部改変・転載、1/15）

第 2 章　高麗陶器の分類と編年　47

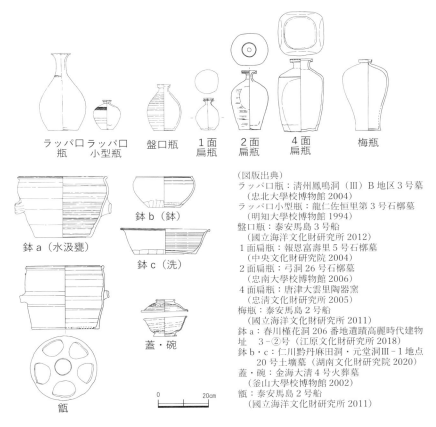

図 2-2　高麗陶器器種分類図　瓶類・鉢類・その他の器種（各報告書より一部改変・転載、1/15）

みられ、盤口壺は口縁部側面溝がやや不明瞭、もしくはほとんどないものであり、一方の盤口瓶は口縁部側面の溝が複数、もしくは 1～2 条施されることが多い。

　このほか、全体的に少量ではあるが、二重口縁壺や梅瓶形壺などもある。二重口縁壺は、名称のとおり、大小の口縁を二重にもつものである。大型壺と類似した胴部形態をもち、波状文が施文されるものがある。梅瓶形壺は、瓶類に

ある「梅瓶」と胴部形態は類似するが、口径が瓶よりも大きいものである。

2. 甕

甕類は、短い頸部と広い口縁部をもち、口径と胴部最大径にあまり差がないものである。口縁部のつくりが特徴的であり、口縁部先端を丸く折り曲げて仕上げるものである。また、なかには、破片資料断面上において、巻き込んだなかに空間が確認できるものもある。

3. 瓶類

瓶類は、一般的に壺類と基本形態は同じだが、頸部径が細く、口径や器高も短いものである。器高が極端に短い、小型のものもある。

瓶類は、口縁部・胴部形態に多様な形態がみられる。たとえば、先述した「盤口壺」と類似する「盤口瓶」の場合、完形資料をみると、口縁部形態は共通した盤口形を呈するものの、胴部形態に違いがみられ、1面扁瓶、2面扁瓶、4面扁瓶、長頸瓶、小型瓶、梅瓶、筒型瓶などの複数の器種に細分することができる。各細部器種の特徴については、本章第5節にてもう少し詳しく説明する。

つまり、盤口形口縁をもつ器種は多く認められ、これらを口縁部破片資料のみからで特定することは現状で困難である。よって、ここでは、便宜上、盤口形の口縁部資料の場合は「盤口瓶」とする。その上で胴部資料の形態から細部器種がわかるものについては、1・2・4面扁瓶、梅瓶と判別することとする。

なお、1・2面扁瓶、梅瓶の完形資料をみると、盤口形とラッパ口形の両方の口縁形態が確認できる（韓惠先 2019）。よって、口縁部資料のみで「盤口瓶」と「ラッパ口瓶」を区分した場合、厳密にいうと、これらの器種が含まれる可能性があることを記しておく。

ラッパ口瓶：口縁部がラッパ状を呈するもの。小型のものある。

盤口瓶：口縁部の下部から上部にかけて「盤」のように立ち上がるもの。
　　　　　小型のものもある。
　１面扁瓶：胴部１面が扁平を呈するもの。
　２面扁瓶：胴部２面が扁平を呈するもの。
　４面扁瓶：胴部４面が扁平を呈するもの。
　梅瓶：胴部から底部にかけて、「S字状」を呈するもの。

4．鉢　類

　鉢類は、基本的には口縁部に最大径をもつものである。他の器種と比べて、軟質のものが多くみられる。口縁部と胴部形態により細分化できる。
　なお、鉢ａ類は、韓国語では「동이（Donggi）」といわれるものである。日本語訳にすると「水汲甕」と表現されることが多い。「水汲甕」と表記した場合、用途を示す名称が含まれてしまう。用途や機能を明確にできていない現状では混乱を招く可能性があると考え、便宜上、鉢ａ～ｃとする。今後、高麗青磁や朝鮮時代陶器（甕器）でいう鉢との概念や基準に関して、比較・検討をおこないながら、日韓で共通認識を持ち得るより適切な器種名称があれば、変更することも視野に入れている。
　鉢ａ：胴部上位から中位にかけて膨らみをもち、なかにはその胴径が口径を上回るものもあり、また、橋状（帯状）把手が付くものもある。ハングルで「동이」と表現され、日本語では「水汲甕」と表現されることもある。鉢ａと甑の口縁部形態も類似しているため、底部まで残存しておらず口縁部資料で判断されるもののなかには、甑が含まれる可能性がある。
　鉢ｂ：口縁部から斜めに狭まって底部につながるものである。韓惠先の分類では「鉢」にあたる。
　鉢ｃ：鉢ｂより口縁部が横に長く広がるものである。韓惠先の分類の「大鉢（洗）」にあたる。

5. その他の器種

甑：複数の孔が穿たれている底部をもつものである。孔もさまざまな形状があるようである（呉厚培 2003）。なお、上述したが、口縁部・胴部形態は、水汲甕に類似しているため、底部に孔が確認できるもののみを甑として扱った。

碗：口縁部最大径をもち、器高は比較的小型である。高台があるものと、ないものの両者が確認できる。

蓋：碗とセットになることが多い。つまみ部分は宝珠形や逆高台形などがみられる。

このほか、多くないものの、坏、皿、土錘、塔形陶器、棒状製品などが確認できる。

第3節　大型壺の分類と編年

1. 資料と方法

本節では、高麗陶器の編年を提示する。第2節で検討したように、高麗陶器には多種多様の器種が存在する。これらの器種のうち、韓半島南部地域において、時間変遷に伴う型式変化を把握できる大型壺を対象とする。

対象とした大型壺は、大型壺完形資料 48 点、残存状況が良好な破片資料（口径復元可、頸部より上部が残るもの）計 139 点（窯跡出土資料：72 点〈図2-3、表 2-1〉、消費遺跡出土資料：67 点）を対象とした。

分析は以下の手順でおこなう。

第 2 章　高麗陶器の分類と編年　51

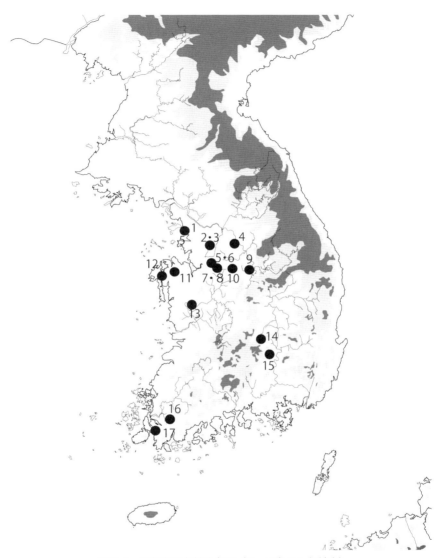

図 2-3　対象窯跡資料分布図（No. は表 2-1 と対応）

表 2-1 対象窯跡資料一覧

No.	窯跡名	文献名
1	始興芳山洞	海剛陶磁美術館 2001・2004
2	龍仁星福洞	韓信大學校博物館 2004
3	龍仁東栢里	韓國文化財保護財団 2005
4	驪州安金里	中央文化財研究院 2007
5	安城梧村里	中央文化財研究院 2008
6	安城和谷里	梨花女子大學校博物館 2000、朝鮮官窯博物館 2006
7	鎮川校成里	韓國先史文化研究院 2008
8	鎮川會竹里	忠淸北道文化財研究院 2010a
9	忠州水龍里 サンマクゴル	忠淸北道文化財研究院 2011b
10	陰城梧弓里	韓國保護文化財財団 2001
11	唐津大雲里 ホグマル	忠淸文化財研究院 2005
12	瑞山舞將里	忠淸文化財研究院 2000
13	公州佳橋里	公州大學校博物館 2000
14	金泉大聖里	慶尚北道文化財研究院 2002
15	星州上彦里	慶尚北道文化財研究院 2008
16	靈岩鳩林里	梨花女子大學校博物館 1998・2001
17	康津三興里	國立光州博物館 2004

　まずはじめに、大型壺と壺の区分基準を口径の分析から把握する。その上で、大型壺の頸部形態と波状文の属性分析から、時間の方向性を示す型式を設定する。次に、各型式における共伴資料や紀年資料などから、型式をもとにした時期設定をおこなうことで、編年を提示する。

2. 大型壺の編年

（1）大型壺の型式分類

　大型壺の基準は、壺類のなかで口径がおおよそ20cm以上のものとする。根拠としては、次の2点を挙げることができる。一つめに、大型壺の特徴の一つである頸部に波状文が施文されるものについてみると、その大部分が口径20cm以上であるためである。二つめに、消費遺跡出土資料も含めて大型壺・壺類の口径をヒストグラムでみると、おおよそ20cm付近を境界として、二つに分けることができるためである（図2-4）。

　次に、大型壺について、属性分析を用いた型式分類をおこなう。その方法については、田中1982、岡田2003などを参考にした。

　大型壺のもつ属性のうち、特に時間の変化を反映していると考えられる「頸部形態」と「波状文形態」を扱う。頸部形態については、頸部の立ち上がりと長さをもとに、以下のように五つを設定した（図2-5）。変化の方向性としては、製作時における頸部のつくりに対する省力化に伴う短頸化、もしくは、逆の装飾化に伴う長頸化を想定し、A⇔B⇔C⇔D⇔Eの順序を考えることができる。

　　A：内湾気味（弓形状）に直立する。
　　B：直立してから曲線的に外反する。
　　C：短く直立する。
　　D：短く直線的に外反する。
　　E：短く曲線的に外反する。

　波状文形態については、波状文の大きさと数によって、以下の四つを設定した（図2-6）。変化の方向性としては、波状文の省略化と粗雑化、もしくは逆の波状文の増加と複雑化を想定し、ⅰ⇔ⅱ⇔ⅲ⇔ⅳ⇔無文の順序を想定することができる。

　　ⅰ：明確な高さと幅をもつ大小の波状文を複数施文。

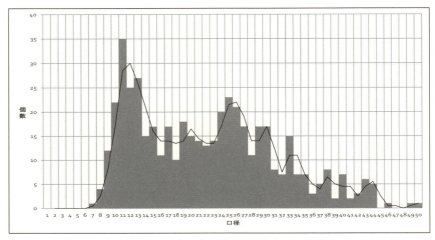

図 2-4 大型壺口径のヒストグラム

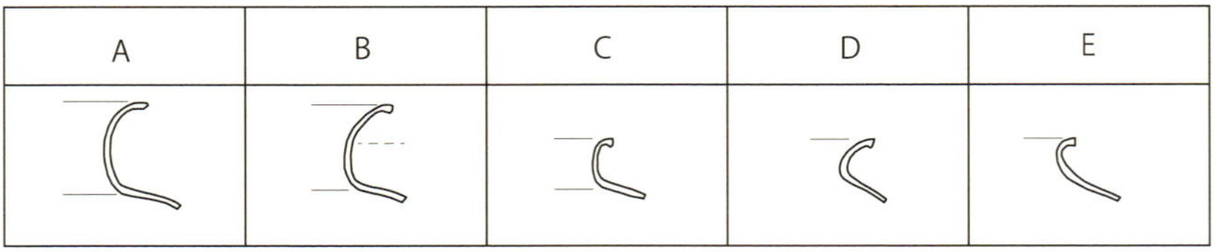

図 2-5 頸部形態の型式

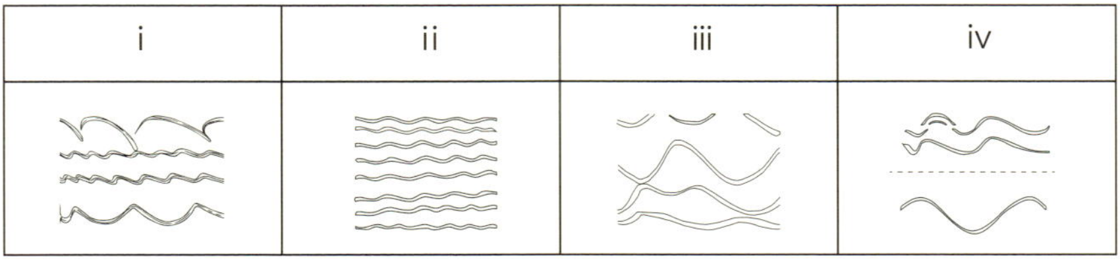

図 2-6 波状文形態の型式

第 2 章　高麗陶器の分類と編年　55

		A 内湾気味（弓形状）に直立する	B 直立してから曲線的に外反する	C 短く直立する	D 短く直線的に外反する	E 短く曲線的に外反する
明確な高さと幅をもつ大小の波状文を複数施文（装飾的）	ⅰ	18				
小さい波状文を複数施文	ⅱ	2	13	1		
大きく緩やかな波状文を3〜4条程度施文（波状文同士が重なり合う場合も）	ⅲ		3	15	5	
大きく緩やかな波状文を1〜2条程度施文	ⅳ			2	8	
（無文）		17	11	27	41	22

図 2-7　頸部形態と波状文形態の相関関係

　ⅱ：小さい波状文を複数施文。

　ⅲ：大きく緩やかな波状文を3〜4条程度施文（波状文同士が重なり合うものもある）。

　ⅳ：大きく緩やかな波状文を1〜2条程度施文。

　無文：波状文が施されていないもの。

　頸部形態と波状文形態の属性の相関関係を検討すると図2-7のようになる。結果、まず、大型壺は波状文が施されているものと無文のものの2種類あることがわかる。このうち、波状文が施されているものについては、頸部形態と波状文形態の各属性が想定した変化の方向性へと共変動している。一方で、無文のものはすべての頸部形態において確認できる。ただし、頸部形態Eにおいては、無文のものしか存在していない。このことは、波状文が施されるものは最終的には無文化することを示している。

　以上のような相関関係に関する検討結果もふまえつつ、頸部形態を中心として、波状文が施されるものも無文のものもまとめて型式を設定する。以下、大型壺の各型式について記す。なお、各型式名の横にある（　）内には、頸部形

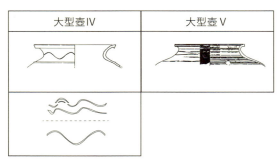

図 2-8 大型壺の型式（Ⅰ：陰城梧弓里窯跡〈韓國文化財保護財團 2001〉、Ⅱ：始興芳山洞窯跡〈海剛陶磁美術館 2004〉、Ⅲ：驪州安金里窯跡〈中央文化財研究院 2007〉、Ⅳ：康津三興里窯跡〈國立光州博物館〉、Ⅴ：鎭川會竹里窯跡〈忠淸北道文化財研究院 2010a〉より一部改変・転載）

態と波状文の属性単位をあらわした（図 2-8）。

　大型壺Ⅰ（Aⅰ、A無文）：
　　頸部が内湾気味（弓形）に直立するもの。
　　波状文が施される場合は、明確な高さと幅をもつ大小の波状文を複数、装飾的に施文するものが主体をなす。
　大型壺Ⅱ（Bⅱ、B無文）：
　　頸部が直立してから曲線的に外反するもの。
　　波状文が施される場合は、小さい波状文を複数施文するものが主体をなす。

大型壺Ⅲ（Ciii、C無文）：
　　頸部が短く直立するもの。
　　波状文が施される場合は、大きく緩やかな波状文を3〜4条程度施文するものが主体をなす。なかには波状文同士が重なり合うものもみられる。
大型壺Ⅳ（Diii・iv、D無文）：
　　頸部が短く直線的に外反するもの。
　　波状文が施される場合は、大きく緩やかな波状文を複数施文するもの。
大型壺Ⅴ（E無文）：
　　頸部が短く曲線的に外反する。無文のみ。

（2）年代の検討

　上記した大型壺の各型式について、紀年銘資料や共伴遺物から年代を把握できる出土例をもとに実年代の比定をおこなう。

　韓国における年代把握可能資料を概観すると以下のようになる。これまでに出土、もしくは所蔵されている高麗陶器のなかで、数少ない紀年銘資料の一つとして、弥勒寺出土「大中十二年」銘大型壺頸部片を挙げることができる。頸部に「大中十二年」が刻まれており、年代としては853年を示す（文化財管理局文化財研究所1989）（図2-9）。頸部片であるため、器形の全容など詳細な情報を把握するのは限界があるが、破片上端部に大きな波状文が施文されていることが確認でき、これは先に設定した大型壺Ⅰ型式に該当するものと判断できる。層位的関係から把握できる事例としては、始興芳山洞青磁窯関連層を挙げることができる。韓惠先によると、初期の高麗青磁を生産した始興芳山洞青磁窯において、青磁関連層の下層より陶器片が出土したことが指摘されている。したがって、この陶器の年代は、始興芳山洞窯で生産された青磁の年代を越えないものとし、下限年代として10世紀中頃が与えられている（韓惠先2007）。始興芳山洞陶器窯で出土している大型壺は、Ⅱ型式に該当する。実年代を知る

図 2-9 大中十二年大型壺　拓本（文化財研究所 1989 より転載）

ことができる紀年銘竹・木簡資料との共伴した例としては、忠清南道泰安郡馬島1号船出土例がある。泰安馬島1号船において、丁卯銘竹簡（1207年）・戊辰銘木簡（1208年）とともに、複数の高麗陶器が共伴して出土しており（國立海洋文化財研究所 2010）、Ⅳ型式に該当する。

　次に、日本出土資料についてみている。日本において共伴遺物から年代を把握できる資料は、大宰府、博多遺跡群、対馬などが中心となる。筑前国分寺10次調査 SK002 からは大型壺Ⅰ型式の無文のものが出土している（太宰府市教育委員会 1997）。共伴した土師器より 10 世紀前葉の年代が与えられる。博多遺跡群からは、第 77 次調査、第 142 次、第 186 次調査において、各々Ⅱ型式のものが出土している。共伴遺物から把握できる年代としては、第 77 次は 11 世紀後半（福岡市教育委員会 1995）、第 142 次は 11 世紀後半から 12 世紀前半（福岡市教育委員会 2005）、第 186 次は 12 世紀前半頃（福岡市教育委員会 2010b）を考えることができる。対馬木坂海神神社弥勒堂遺跡から大型壺Ⅲ・Ⅳ型式が出土しており、共伴した中国青磁などを参考にすると 12～13 世紀主体の年代を想定できる（長崎県峰町教育委員会 1993b）。

　以上のような共伴遺物から把握できる年代をもとにすると、設定した大型壺ⅠからⅤの型式変化には妥当性があると判断できる。また、各型式と年代のわ

かる共伴資料等から、Ⅰ～Ⅴ期を設定することが可能となる。なお、各期の年代幅については、実年代をもとに便宜的に設定した。つまり、大型壺Ⅰ期が9世紀、大型壺Ⅱ期が10・11世紀、大型壺Ⅲ期が12世紀、大型壺Ⅳ期が13世紀、大型壺Ⅴ期が14世紀とした。各期とその実年代は暫定であり、今後のさらなる検討により、細分化や実年代の修正なども必要になってくるであろう。

　高麗陶器大型壺の編年を整理すると、図2-10のようになる。大型壺には大きく波状文が施文されるものと無文のものがある。形態の時間的変化として、波状文施文・無文の両方において、頸部形態は長頸から短頸へ変化していく。また、波状文が施されているものは、その文様が精密から粗雑、最後は無文になる傾向にある。これらの頸部形態と波状文の変化は連動する。

　本節以降、この大型壺編年を使用し、時期決定をおこなっていく。時期を呼称するにあたっては、大型壺の分類記号である「Ⅰ」～「Ⅴ」を、そのまま用いることとしたい。すなわち、大型壺Ⅰ～Ⅴ類をもとにした時期について、大型壺を省略した「Ⅰ期」「Ⅱ期」「Ⅲ期」「Ⅳ期」「Ⅴ期」と表現していくこととする。

3．泰安馬島4号船からみる朝鮮時代移行期における大型壺の様相

　本項では、泰安馬島4号船出土大型壺をもとに、高麗時代から朝鮮時代へ移行するにあたり、どのような形態的変化があるかについて検討する。このことは、朝鮮時代甕器との系譜関係を考える上でも重要である。

　泰安馬島4号船出土資料を取り上げる理由は、年代がわかる資料であるためである。馬島4号船は、朝鮮時代の船として初めて発見され、2015年発掘調査がおこなわれた。馬島1号船のように、紀年銘が記された木簡・竹簡はなかったものの、見込み部分に「内贍」が記された粉青沙器の鉢1点と皿2点が出土した（図2-11）。「内贍」とは、朝鮮時代に設置された官司名であり、報告書によると、馬島4号船出土のものは、「内贍」という文字や粉青沙器の様式より、1417～1425年の年代が想定されている（國立海洋文化財研究所2016）。よっ

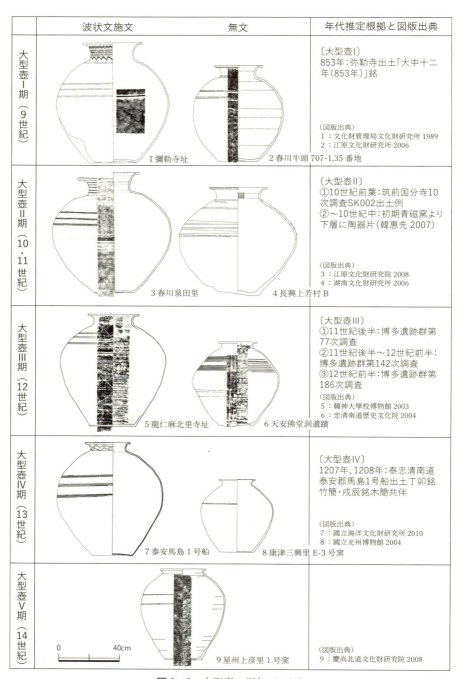

図2-10　大型壺の編年（1/25）

第2章 高麗陶器の分類と編年 61

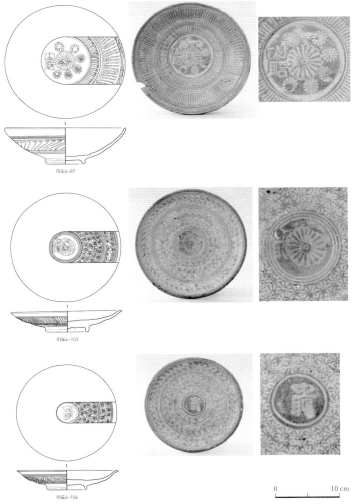

図 2-11 泰安馬島 4 号船出土「内贍」銘粉青沙器（國立海洋文化財研究所 2016 より一部改変・転載、1/8）

て、沈没した時期、つまり、出土資料の時期もその頃とされる。すなわち、馬島4号船出土資料は、15世紀前半のものといえる。朝鮮時代初めの様相を示す資料として、重要である。

　馬島4号船からは、高麗陶器も出土している。本書第2章第2節で示した器種分類にしたがうと、大型壺3点、壺3点、甕1点である。このうち、高麗時代に時間的変遷がみられる大型壺を対象に、高麗陶器との比較・検討する。

　図2-12が、馬島4号船より出土した大型壺3点である。図2-12のNo.1・2は、頸部が短く曲線的に外反しており、大型壺Ⅴ類に該当する。両者は、法量も類似しているようにみえる。一方で、図2-12のNo.3は、口径20cmを越え、頸部の長さは類似するが、大型壺Ⅴ類と多少異なるつくりをなす。なによりも異なる点は口縁部の仕上げである。大型壺Ⅴ類の口縁部のつくりは、頸部からそのまま上部をあげつつ、外反させ、端部も丸く仕上げる。一方、図2-12のNo.3は、口縁部内部において、内面の横方向に凸部ができるように製作している。このような口縁部形態について、断面上で見たときにT字にみえることから「T字状口縁」と呼ぶこととする。

　朝鮮時代甕器の特徴の一つがこの「T字状口縁」である。朝鮮時代甕器の壺類や鉢類を中心にこのような口縁部形態がみられる。片山まびは、「T字状口縁」が形成される理由として、強度を加えるためであると指摘する（片山2018）。

　泰安馬島4号船出土の大型壺をまとめると、高麗陶器大型壺Ⅴ類とT字状口縁をもつ大型壺が混在していることが特徴である。年代としては15世紀前半である。すなわち、馬島4号船の出土資料をみる限り、15世紀前半は、高麗陶器大型壺の様相が残りつつ、T字状口縁という特徴をもつ朝鮮時代甕器にしだいに移行する時期であったことが考えられる。この結果は、朝鮮時代前期の窯跡資料から検討し、15世紀前半頃まで高麗陶器、特に無釉のものの伝統が続くことを推定した片山の指摘（片山2005）を追認することとなった。

　以上のような検討により、朝鮮時代移行期の大型壺の様相として、泰安馬島4号船出土資料をもとにすると、大型壺Ⅴ類と、朝鮮時代甕器の特徴の一つで

第 2 章　高麗陶器の分類と編年　63

図 2-12　泰安馬島 4 号船出土大型壺（國立海洋文化財研究所 2016 より
　　　　　一部改変・転載、1/16）

ある「T字状口縁」をもつものが混在することがわかった。このことより、大型壺の変化をみる限り、高麗陶器が朝鮮時代甕器へと変化していく過程は、急激というより、高麗陶器の要素を残しながら漸次に変化した可能性があることを示唆するものといえよう。

なお、施釉については、馬島4号船出土陶器では確認できない。また、全体のプロポーションからみる限り、図2-12のNo.1・2である大型壺V類の範疇に入るものの方が、図2-12のNo.3のT字状口縁をもつものより大きい。大型壺の類において、高麗陶器大型壺V類がそのまま図2-12のNo.3のような器形を呈する朝鮮時代甕器に系譜上つながるか、さらなる検討が必要である。この課題を解決するためには、朝鮮時代甕器においても、器種分類や編年などといった基礎的研究を推し進めていく必要がある。

第4節　盤口形口縁をもつ器種と編年

高麗陶器の器種のなかには、盤口形口縁をもつ器種、「盤口瓶」「盤口壺」(1)がある。このような盤口形口縁をもつ瓶・壺は、日本でも、特に九州・琉球列島を中心に出土している。日本産中世須恵器や中国をはじめとする輸入陶器ではほとんどみられない口縁部形態であることもあり、高麗陶器として見分ける特徴の一つとしてとらえられている。つまり、出土遺物から高麗陶器を特定する目安の一つといってもいい。

東アジアからの視点からみると、そもそも盤口瓶とは、中国の三国時代から南朝時代にかけて焼造された、いわゆる古越磁に広くみられ、隋・唐時代にも南北各地の白磁、青磁や宋時代にも定窯、磁州窯、龍泉窯などでも焼かれており、また契丹族の王朝である遼でも好んでつくられたとされる（今井 2011）。高麗時代においても、青磁、白磁、青銅器、陶器で、このような口縁部形態をもつものがみられる。また、統一新羅時代においても、同じような口縁部形態を有する器種が確認できる。ただし、これらのものは、国や地域などによっ

て、盤口とはいえど、細かな形態も異なり、系譜も複雑である。
　本節では、高麗陶器における盤口形口縁をもつ器種の特徴を把握するため、器種の整理と編年をおこなう。このことにより、盤口形口縁が、統一新羅時代に系譜をもつものか、青磁や青銅器などの模倣なのかについて検討する。盤口形口縁をもつ器種の特徴を把握することにより、今後の日本出土資料について、細部器種の特定に至るための一助になることを期待する。

1. 資料と方法

　高麗時代の消費遺跡、または、窯跡遺跡から出土した高麗陶器の盤口瓶・盤口壺を対象とする。また、近年、良好な状態で霊岩郡に寄贈された資料（霊岩郡 2016）も含む[2]。先行研究を参考にしつつ、対象とする遺跡をまとめると表2-2・図2-13のようになる。消費遺跡出土完形資料は、92点となる。
　分析方法は、盤口形口縁をもつ器種について、まず、いかなるものがあるかについて整理する。その上で、盤口瓶と盤口壺の口径や器高に関する数量的検討をおこない、瓶と壺を区分できる基準を明らかにしたい。次に、盤口形口縁の形態を対象とした分類をおこない、時間的変遷に伴う型式変化が把握できるかについて、窯跡出土の大型壺の共伴関係をもとに検討する。

2. 盤口形口縁をもつ器種の細分

　盤口形口縁をもつ高麗陶器は、韓惠先の研究（韓惠先 2019）などを参考にしつつ、全体の器形のプロポーションを中心にして分類すると、現在のところ、図2-14のような器種に細分できると考える。
　全体の大きさより、大きく壺と瓶に大別できる。壺と瓶の区分に関する数量的検討は、後述することにする。壺は、瓶に比べ、大型である。盤口壺の胴部は、肩部に最大径をもつものが多い。また、壺のなかには、胴部の一部の面を平坦にする「扁壺」もみられる。

表 2-2　対象遺跡一覧

●消費遺跡および所蔵資料

No.	遺跡名	報告書
1	高陽中山トブゴル	漢陽大學校博物館 1993
2	安山大阜島六谷	漢陽大學校博物館 2006
3	龍仁佐恒里	明知大學校博物館 1994
4	龍仁麻城里マガシル	明知大學校博物館 2008
5	龍仁宝亭里ソシル	畿甸文化財研究院 2005
6	華城 汾川里	畿湖文化財研究院 2010b
7	泰安馬島１～４号船	國立海洋文化財研究所 2010・2011・2012・2016
8	天安佛堂洞	忠清南道歴史文化院 2004
9	清州明岩洞	國立清州博物館 2001
10	燕岐月山里	建国大學校博物館 1998
11	報恩富寿里	中央文化財研究院 2004
12	大田弓洞	忠南大學校博物館 2006
13	大田老隱洞	韓南大學校中央博物館 2003
14	尚州屏城洞	慶尚北道文化財研究院 2001
15	金泉帽岩洞	嶺南文化財研究院 2003
16	鎮安寿川里	圓光大學校　馬韓・百済文化研究所 2001
17	達城舌化里	嶺南文化財研究院 2005
18	大邱内患洞	嶺南文化財研究院 2000
19	浦項虎洞	慶尚北道文化財研究院 2005
20	（金大煥寄贈資料）	霊岩郡 2016
21	莞島海底遺物	文化公報部・文化財管理局 1985

■窯跡資料

22	始興 芳山洞	海剛陶磁美術館 2004
23	廣州陶雄里	韓國先史文化研究院 2018
24	驪州安金里	中央文化財研究院 2007
25	安城日照里	畿南文化財研究院 2017
26	安城和谷里	梨花女子大學校博物館 2000
27	唐津大雲山里	忠清文化財研究所 2005
28	瑞山舞将里	忠清埋蔵文化財研究所 2000
29	金泉大聖里	慶尚北道文化財研究院 2002
30	霊岩鳩林里	民族文化遺産研究院 2019
31	康津三興里	國立光州博物館 2004
32	麗水月下洞	東西綜合文化財研究院 2019
33	梁山内松里	韓國文物研究院 2012
34	梁山東面内松里	韓國文物研究院 2018

第2章 高麗陶器の分類と編年 67

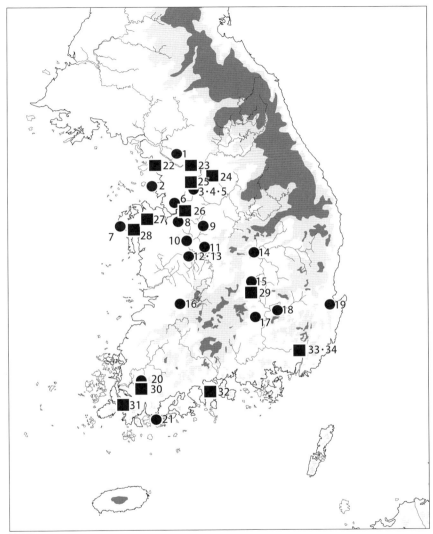

図2-13 対象資料分布図（No.は表2-2対応）

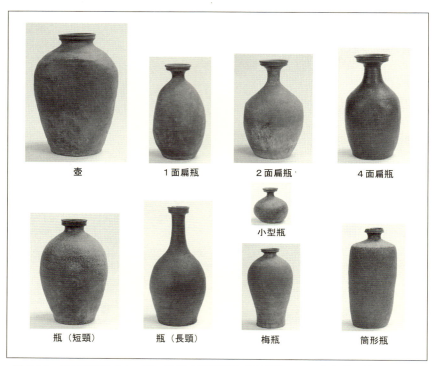

図 2-14 盤口形口縁をもつ壺・瓶類の細別器種（霊岩郡 2016 より転載、縮尺は任意）

　瓶は壺に比べ、細別器種の種類が多い。頸部の長さや胴部形態のプロポーションにより、1面扁瓶、2面扁瓶、4面扁瓶、盤口短頸瓶、盤口長頸瓶、小型瓶、梅瓶、筒形瓶などがある。壺と同様、最大径が肩部あたりにあるものもあれば、中位あたりにあたるものもある。頸部は、長頸のものと短頸のものがみられる。扁瓶は、胴体部の一部、もしくは胴体部全面に対して、面を施すものである。面の数により「1面扁瓶」「2面扁瓶」「4面扁瓶」などのいくつかの種類の扁瓶を確認できる。

　以上のような盤口形口縁をもつものについて、本書では、壺を「盤口壺」、瓶を「盤口瓶」と呼ぶこととする。

　高麗陶器全般をみた場合、このような盤口形口縁の形態をもつものがある一

方、その他の壺や瓶のほとんどが「ラッパ口形口縁」である。ラッパ口形口縁とは、口縁部が下部から上部にかけて外反するものであり、楽器のラッパの先端と類似していることから、そのように呼ばれることが多い。つまり、高麗陶器の壺類と瓶類において、口縁部形態だけをみると、盤口形とラッパ口形に大別することができる。

3. 盤口壺と盤口瓶の区分に関する数量的検討

盤口壺と盤口瓶の器種について、数量的検討をおこない、区分基準を検討する。なお、上記した盤口形口縁をもつ器種のうち、「筒形瓶」は、数量的に確保できなかったこともあり、今回の分析から除く。

まずは、壺と瓶の区分である。対象資料の口径とその個数をグラフ化したものが図2-15のようになる。ヒストグラムをみると、おおよそ8cmと12cm付近を境界として、大きく三つに分けることができる。

次に、盤口形口縁をもつ器種について、口径と器高の関係をみると、図2-16のとおりになる。全体器形のプロポーションによって分類した細別器種ごとにプロットした。なお、壺と扁壺は分けてそれぞれ点をおとすこととした。結果、大きく二つのことが読み取れる。

一つめは、瓶と壺の大半は、口径8cm×器高25cmを基準に分かれることである。口径8cmという境界は、先でみたヒストグラムの結果とも一致する。口径で瓶と壺を分ける基準の一つになり得ると考える。二つめは、小型瓶の器種は、口径3.5～5cm程度、器高11～13cm程度におさまることがわかる。このことにより、口径だけでみる場合、5cm以下のものを小型瓶として判断できる基準になる。その他、壺や2面扁瓶、梅瓶などは、口径と器高が比較的近い値でまとまる傾向にあると思われる。

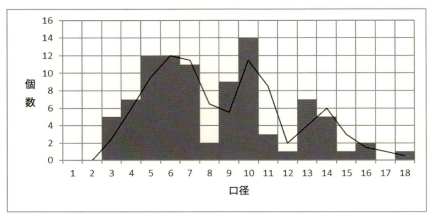

図 2-15　盤口形口縁をもつ器種の口径のヒストグラム

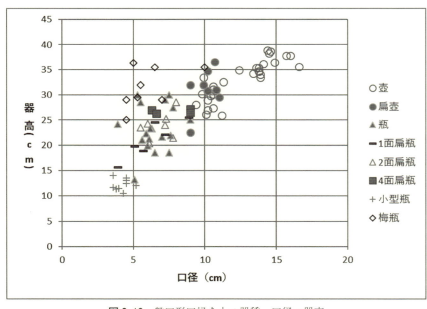

図 2-16　盤口形口縁をもつ器種　口径×器高

4. 口縁部形態からみた盤口瓶・壺の編年

（1）分　類

　盤口形口縁をもつ瓶と壺について、口縁部形態に着目し、時間的な変遷による変化の有無を検討する。瓶と壺の区分は、さきほどの分析結果をもとにして、おおよそ口径8cmを基準に大別する。

　複数の属性や、それらの相関関係を検討した上で、分類や型式設定などをおこなう方法がより妥当であると考えるが、今回は口縁部形態という一属性のみを対象とした。日本出土高麗陶器の場合、完形資料が少ないなか、盤口形口縁をもつものが多く確認されている。そのため、口縁部形態という一属性においても検討をおこなうことで、今後、日本出土資料における把握の一助につながるのではないかと考えている。

　瓶・壺の両方において、口縁部形態、特に側面に施される溝と口縁部下部の形態を基準に以下のように分類した（図2-17・18）。口縁部下部の形状は、側面の溝の深さに連動しているものと考えられる。すなわち、側面に溝を施し、溝を明確化させる処理の結果、口縁部下部が下向きの凸状に形成されたものと想定される。

　①盤口瓶
　　A：口縁部側面の溝が明瞭で、複数施されるもの。
　　　　口縁部下部が下向きの凸状を呈する。
　　B：口縁部側面の溝がない、もしくは1～2条のもの。
　　　　口縁部下部が直角気味に折り曲がる。
　②盤口壺
　　a：口縁部側面の溝の深さがやや不明瞭であるもの。
　　　　口縁部下部が下向きの凸状を呈する。
　　b：口縁部側面の溝もほとんどないもの。
　　　　口縁部下部が直角気味に折り曲がる。

図 2-17　盤口瓶の型式（A：霊岩鳩林里東 11 区〈梨花女子大學校博物館 2001〉、B：驪州安金里陶器窯〈中央文化財研究院 2007〉より一部改変・転載）

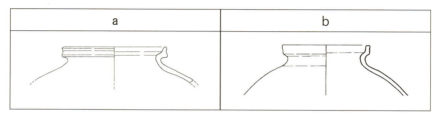

図 2-18　盤口壺の型式（a：安城和谷里 2 号窯〈梨花女子大學校博物館 2000〉、b：康津三興里 E-3 号窯〈國立光州博物館 2004〉より一部改変・転載）

（2）窯跡出土資料からみた盤口形口縁頸形態の属性と大型壺の型式対応関係

　先の分類について、窯跡出土資料を対象とし、時間的変遷が把握できる大型壺の型式との共伴関係をみることにより、盤口形口縁に時間差がみられるかについて検討をおこなう。窯跡出土資料を用いる理由は、高麗時代の遺跡のなかで、ある程度の一括性と想定できるためである。墳墓を除く高麗時代消費遺跡の場合、層位ごとの出土遺物や一括資料で把握されている事例が多くないため、器種構成を把握することが困難である。ただ、窯跡出土資料のうち、灰原出土資料の場合、窯の運営時期が、資料によって年代に幅があることは否めない。また、焼歪みなどが要因し、単純に先に検討した数値で壺や瓶の区分が困難である場合が少なくない。このような資料的条件のもと、今回の分析では、窯跡出土資料のうち、可能なものは、全体の器形のプロポーションをもとにしながら、口径復元が適切と思われるもののみを選定した。

表 2-3 窯跡出土資料における盤口瓶・壺と大型壺の共伴関係

窯跡		盤口瓶		盤口壺		大型壺				
	型式	A	B	a	b	I	II	III	IV	V
安城日照里	9号窯	○				○				
唐津大雲山里	陶器窯	○				○				
始興芳山洞	陶器窯	○					○			
羅州板村里	廃棄場	○					○			
靈岩鳩林里	東5区1号窯	○					○			
麗水月下洞	1号窯・廃棄場	○					○			
龍仁金魚里	陶器窯	○						○		
瑞山舞將里	1号土器廃棄場	○						○		
金泉大聖里	廃棄場I	○	○					○		
梁山内松里	2号窯	○	○					○		
驪州安金里	陶器窯							○		
梁山内松里	4号窯	○	○						○	
梁山内松里	1号窯	○	○						○	
梁山内松里	3号窯		○						○	
廣州陶雄里	窯・灰原		○						○	
忠州水龍里	1-가地点1号窯		○						○	
安城和谷里	2号窯			○					○	
康津三興里	E-3号窯				○				○	

　窯跡出土資料における盤口瓶・壺と大型壺の共伴関係をみた結果が、表 2-3 のようになる。

　その結果、盤口瓶 A 類から B 類への変化と大型壺編年の変化が対応していることがわかる。盤口瓶 A 類は I 〜 IV 期（9 〜 13 世紀）、盤口瓶 B 類は III・IV 期（12・13 世紀）と対応している。つまり、二つの型式が併存する時期はある

ものの、大きく盤口瓶 A 類→B 類の変化の方向が認められるといえる。

ただし、盤口瓶 A 類の最後の時期については、さらなる検討が必要である。盤口瓶 A 類について、Ⅳ期のものと対応する遺跡は、梁山内松里 1・4 号窯のみである。梁山内松里 1・4 号窯を除くと、盤口瓶 A 類の最後の時期はⅢ期にあたる。梁山内松里 1・4 号窯のみⅣ期がみられる背景には、慶尚道にあるということも加味すると、地域差か、もしくは時期差がある可能性も推測される。よって、盤口瓶 A 類と大型壺Ⅳ類が共伴する遺跡が一つであることから、今回の分析においては、盤口瓶 A 類の消滅時期を、一旦、Ⅲ期の 12 世紀とおさえておきたい。今後、さらなる資料蓄積と分析によっては、この時期を修正する必要も出てくるであろう。

一方で、盤口壺については、該当する資料が瓶に比べ少ないこともあり、現状では、時間的変化を明確に把握できない。今回の分析では、安城和谷里 2 号窯で盤口壺 A 類、康津三興里 E-3 号窯で盤口壺 B 類が、Ⅳ期の大型壺と共伴していることがわかった。そのため、今のところ、盤口壺 A 類と B 類に時期差が認められるとはいえない結果となった。ただし、盤口壺の年代としては、Ⅳ期（13 世紀頃）を考えることができる。

しかし、先行研究や共伴遺物から年代の把握が可能である日本出土資料を参考にすると、盤口壺の年代をもう少し古くとらえることができそうである。韓国の消費遺跡出土資料も対象とした、韓惠先の研究成果を参考にすると、盤口壺は、12 世紀からの出現が想定されている（韓惠先 2019）。また、日本出土資料からみると、対馬木坂海神神社弥勒堂跡からも盤口壺が出土しており（長崎県峰町教育委員会 1993b）、Ⅲ・Ⅳ期との共伴例が把握できる。よって、盤口壺の出現時期については、一旦、Ⅲ期（12 世紀）と考えておきたい。

（3）盤口瓶・壺の編年

先の分析した結果をもとに、代表的な資料を時期ごとに整理すると図 2-19 のようになる。便宜上、時期の表記については、大型壺の編年を参考にした。

盤口瓶のみは盤口形口縁が時間的変遷に伴い、ある一定程度の変化がある可

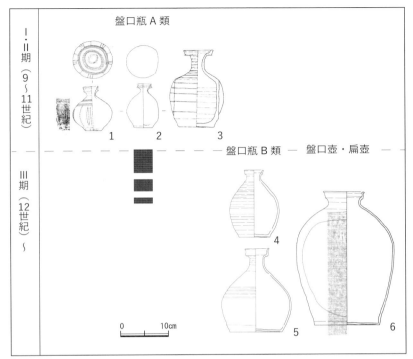

図 2-19 時期別の盤口瓶・壺（以下の各報告書より一部改変・転載、1/8）　1：大邱内患洞 120号墳（嶺南文化財研究院 2000）、2：報恩富壽里古墳群 5号石槨墓（中央文化財研究院 2004）、3：金泉帽岩洞 11号石槨墓（嶺南文化財研究院 2003）、4・5・6：泰安馬島 3号船（國立海洋文化財研究所 2012）

能性があるといえる。ただ、今回の分析は、あくまでも一属性のみの分析のため、今後、資料を増やし、より詳細な型式変化を追う必要がある。

　盤口瓶の口縁部形態の変化は、側面の溝のつくり方にみられる。すなわち、口縁部側面の溝について、工具などを使用し、明瞭に、かつ複数施すものであった。それが時間の経過に伴い、製作における省力化のためか、溝自体が不明瞭になる、もしくは溝を施すことがなくなっていく。

　口縁部側面の溝は、機能というよりはおそらく装飾性と考えられる。前時代の統一新羅土器における盤口形口縁をみると、溝が深いものが大半を占める。

このようなつくり方を遅くともⅢ期（12世紀）まで継続させていったものと考えられる。その後は、同時代の磁器の影響を受けて、口縁部側面の溝のつくり方に変化があったものと考えられる。高麗青磁の瓶のなかで、盤口形口縁をみると、側面に溝を施さず、口縁部上部にかけて盤のように立ち上がっていく。高麗陶器盤口壺と類似した形態である。

　よって、高麗陶器における盤口形口縁をもつ器種は、はじめは、統一新羅時代の流れを組んでいたものの、溝をつけるといった装飾性がしだいに消滅していったと考えられる。背景には、製作時における省力化も考えられる。同時に、装飾性に関する志向について、磁器の影響を受けたことも想定できよう。

5. 盤口瓶・壺からみる施釉の時期に関する検討

　高麗陶器の施釉を考える上で、盤口瓶・壺は、有効であるといえる。なぜなら、多種多様な高麗陶器の器種のなかで、盤口瓶・壺においては、施釉されることが比較的多いためである。

　ただし、施釉に関する議論は容易ではない。なぜならば、第1章第1節「韓国における高麗陶器研究の現状と課題」で先述したが、韓惠先の指摘にもあるように、肉眼観察による施釉の判断には限界があるためである。また、肉眼観察によって、陶器表面に釉薬が部分的にでも認められた場合でも、それが自然釉によるものか、もしくが人為的に施釉されたものかを認定することも難しいという状況にある。

　これまでの先行研究における施釉に関する議論として、大きく「施釉が始まる時期」と「全面施釉が普及する時期」に分けることができる。

　まず、施釉の始まりについて議論するためには、現状で肉眼観察では限界がある。その実態に迫るためには、多くの資料に対して肉眼観察をおこない、必要に応じて、理化学的分析を用いて追認していく作業を繰り返さなければ、検証できないためである。

　一方で、器全体に釉薬が施される「全面施釉」が普及する時期については、

肉眼観察からある程度把握できる。施釉の始まりに関する資料と異なり、肉眼観察をとおして、全面施釉の有無を比較的容易に確認できるためである。

　上記の状況をふまえ、本項では、報告書の資料を中心としながら、一部実見調査の成果もふまえつつ、ある程度の把握が可能である、全面施釉を前提とした施釉が普及する時期について検討したい。すなわち、先行研究において活発な議論が交わされている羅末麗初期における施釉の有無に関することではなく、高麗時代全時期において、高麗陶器にいつ全面施釉が普及したかについて探ることである。

　そもそも、施釉の始まりについては、羅末麗初期からあったという議論（崔健1987など）がある。実際に、羅末麗初期より、一部の資料では釉薬の形跡が確認できる。しかし、高麗時代全般を通して、無釉のものが一定程度の割合で存在することから、その時期より施釉が一般化したものではないといえる。羅末麗初期の施釉に関する議論においては、器表面に付着した釉薬を、人工的とみるか、自然的とみるかが争点となる。

　一方で、朝鮮時代甕器をみると、全面施釉されているものが大半を占めている。本項では、先述した羅末麗初期ではなく、朝鮮時代甕器へと続く高麗陶器において、いつごろから全面施釉が多くみられるようになるかについて、窯跡出土資料と消費遺跡出土資料から、その時期について探ってみることとしたい。

　まず、窯跡出土資料からみてみる。韓惠先によると、緑褐釉の施釉が増加する時期は13世紀以降であると推測されている（韓惠先2019）。この研究成果を参考にしながら、窯跡出土資料を検討してみる。上述した韓惠先の研究成果を参考にし、13世紀より前にあたる、Ⅲ期（12世紀）以降の盤口瓶・壺を対象として、全面施釉の有無について把握した。

　該当する窯跡出土資料は、表2-3を参照すると、Ⅲ期として、龍仁金魚里陶器窯、瑞山舞將里1号土器廃棄場、金泉大聖里廃棄場Ⅰ、梁山内松里2号窯、驪州安金里陶器窯、Ⅳ期として、梁山内松里1・3・4号窯、廣州陶雄里窯・灰原、忠州水龍里1-가地点1号窯、安城和谷里2号窯、康津三興里E-3号窯が

該当する。

　上記の遺跡から出土した盤口瓶と盤口壺を対象として、外面における全面施釉の有無について把握した結果、大半が「無釉」、もしくは「自然釉」がみられる程度であった。唯一、安城和谷里2号窯・窯内部から出土した盤口壺のみが「外面に釉があったものとみえるが大半が剥落した状態である」と報告されている（朝鮮官窯博物館 2006）。しかし、該当資料を実見した結果、現状では釉薬の痕跡をほとんど確認できず、施釉されたと断定するには至らない。

　よって、今のところ、窯跡出土盤口瓶・壺からは、全面施釉が普及する時期を把握することは難しい状況である。

　次に消費遺跡出土資料をみてみる。泰安馬島1~3号船の資料を取り上げることとする。理由としては、共伴遺物より時期の把握が可能であることが挙げられる。また、図面、図版より施釉の有無を確認することができるためである。本報告書では、カラーの図版が掲載されており、報告書に記載された全面施釉の状況を把握することが可能である。

　泰安馬島1~3号船が沈没した時期については、各調査報告書をもとにすると、次のとおりである。共伴した木簡に記載された内容を根拠として、1号船は1208年2月19日以降（國立海洋文化財研究所 2010）、2号船は人名をもとに1200年前後（國立海洋文化財研究所 2011）、3号船は1265~68年の間（國立海洋文化財研究所 2012）に沈没したことが推定されている。すなわち、各船から出土した資料は、年代がわかる一括資料として取り扱うことができる。

　まず、泰安馬島1~3号船からどのような器種が出土しているかを把握する。器種分類の基準は、本節2項で提示した基準に従う。その結果、泰安馬島1~3号船からは、大型壺、壺類、盤口瓶・壺類、甑、鉢bが出土していることがわかった。このうち、全面施釉が施されている器種は、壺類、盤口瓶・壺類、鉢bである。数量でみると、施釉陶器66点のうち、盤口瓶・壺34点と圧倒的に多く、施釉がされやすい器種であることがわかる。このことから、多種多様な器種が存在する高麗陶器において、全面施釉が先行される器種の一つが盤口瓶・壺であることを示しているといえる。

表 2-4　泰安馬島 1〜3 号船出土盤口瓶・壺　施釉有無一覧

No.	出土船	図面番号	器種	施釉	釉薬の色
1-1	馬島1号船	1	盤口壺	○	黒色
1-2	馬島1号船	2	盤口壺	○	赤褐色
1-3	馬島1号船	3	盤口壺	○	黒褐色
1-4	馬島1号船	4	盤口壺	○	黒褐色
1-5	馬島1号船	5	盤口壺	○	濃緑褐色
1-6	馬島1号船	6	盤口壺	○	濃緑褐色
1-7	馬島1号船	7	盤口壺	○	緑褐色
1-8	馬島1号船	8	盤口壺	○	緑褐色
1-9	馬島1号船	9	盤口壺	○	多様
1-10	馬島1号船	13	盤口壺	○	緑褐色
1-11	馬島1号船	14	盤口壺	○	濃黒褐色
1-12	馬島1号船	15	盤口壺	○	濃褐色
1-13	馬島1号船	16	盤口壺	○	緑褐色
1-14	馬島1号船	17	盤口壺	○	緑褐色
1-15	馬島1号船	18	盤口壺	○	濃緑褐色
1-16	馬島1号船	19	盤口壺	○	濃黄褐色
1-17	馬島1号船	20	盤口壺	○	暗灰色
1-18	馬島1号船	21	盤口壺	○	深緑褐色
1-19	馬島1号船	22	盤口壺	○	濃褐色
1-20	馬島1号船	23	盤口壺	○	緑褐色
1-21	馬島1号船	24	盤口壺	○	緑褐色
1-22	馬島1号船	25	盤口壺	○	黒褐色
1-23	馬島1号船	26	盤口壺	○	濃黒褐色
1-24	馬島1号船	27	盤口壺	○	黒褐色
1-25	馬島1号船	28	盤口壺	○	濃緑褐色
1-26	馬島1号船	29	盤口壺	○	濃黒褐色
1-27	馬島1号船	30	盤口壺	○	黒褐色
1-28	馬島1号船	34	盤口瓶	○	黒褐色
1-29	馬島1号船	35	盤口瓶	−	−

No.	出土船	図面番号	器種	施釉	釉薬の色
2-1	馬島2号船	133	梅瓶	−	−
2-2	馬島2号船	135	盤口壺	○	黒褐色
2-3	馬島2号船	136	盤口壺	○	黒褐色
2-4	馬島2号船	137	盤口壺	○	黒褐色
2-5	馬島2号船	138	盤口壺	○	黒褐色
2-6	馬島2号船	141	盤口壺	○	明緑色
3-1	馬島3号船	4	盤口瓶	−	−
3-2	馬島3号船	5	盤口瓶	−	−
3-3	馬島3号船	15	盤口扁壺	−	−
3-4	馬島3号船	16	盤口扁壺	−	−
3-5	馬島3号船	44	盤口壺	○	濃緑色

※「○」は施釉あり、「−」は施釉なし
※外面に施釉がみられる場合、施釉範囲に関係なく、「施釉あり」とした

　次に、この盤口瓶・壺における施釉状況について詳しく把握するため、施釉の有無、釉薬の色を、報告書の内容と図版を照らし合わせ確認した。結果、盤口瓶・壺の施釉状況ついて整理すると表 2-4 のようになる。各船から出土した盤口壺・瓶の施釉状況は次のとおりである。泰安馬島 1 号船では盤口瓶・壺 29 点中 28 点（図 2-20）、2 号船では盤口瓶・壺 6 点中 5 点、馬島 3 号船では盤口瓶・壺 5 点中 1 点が施釉されている。

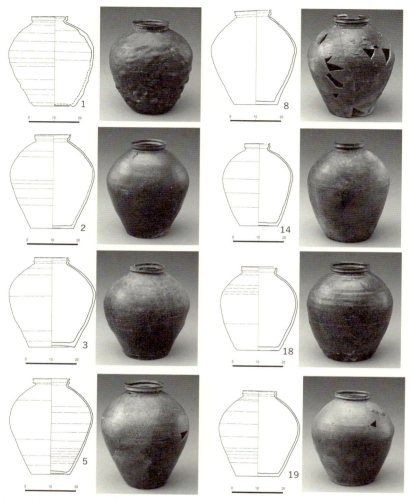

図 2-20　泰安馬島 1 号船出土施釉盤口壺の一例（國立海洋文化財研究所 2010 より一部改変・転載、1/16、No. は表 2-4 の図面番号と対応）

船によって、出港地や目的地が異なり、それにより積荷の性格が変わる可能性も十分に想定できる。泰安馬島沈没船をみても、3号船がもっとも新しい時期にもかかわらず、施釉された盤口瓶・壺は少ない。しかしながら、上記の結果から鑑みるに、泰安馬島1・2号船の盤口瓶・壺の状況をみる限り、その大半に全面施釉を認めることができるといえる。時期としては、馬島1・2号船の共伴遺物から把握できる年代から、少なくとも13世紀には全面施釉が一般的に普及していたことが推察できる。

　また、上述したように、馬島1～3号船出土高麗陶器のなかで、全面施釉が認められる器種は、圧倒的に盤口瓶・壺が多い。このほか、壺類にもみられる。上記の分析結果により、施釉された器種が複数あるなかで、全面施釉が普及していくにあたり、盤口瓶・壺が選択されていた器種の一つであるといえる。本節第4項でも検討したように、この時期の盤口瓶・壺の形態的特徴をみても、高麗青磁と類似する点が多くみられ、製作技術が類似することに加え、施釉についても、高麗青磁の影響を受け、模倣したこともうかがえる。施釉に関しては、外見上の見栄えをよくすることも考えられるが、機能面において貯水性を高めるといった機能の向上をねらったことも推測される。

　以上のことより、少なくとも13世紀、すなわち、Ⅳ期において、高麗陶器のなかでも、盤口瓶・壺が他の器種に先行した形で、全面施釉が普及していた状況がうかがえる。盤口瓶・壺への全面施釉に関する時期については、韓惠先の説を追認した結果となった。ただし、韓惠先の研究（韓惠先2019）に比べ、本項では、器種や数量などを提示した面で異なった方法であり、その分析からしても、13世紀に盤口瓶・壺に施釉が普及した可能性を示すこととなった。

　ただし、消費遺跡において、正確に年代が把握できる資料が、現在のところ馬島1～3号船しかない。よって、今後、新たな資料の発見やさらなる分析によって、全面施釉の始まりが13世紀以前になる可能性も少なからずあると考えられる。

第5節　器種構成の変遷

1. 本節の課題

　これまでの先行研究の成果により、高麗陶器は、多種多様な器種をもつことは明らかにされている。また、器種によっては流行時期や消長があること、また、一部の器種の出現背景に高麗青磁や金属器などの他素材の器の影響を受けていることなどが指摘されている。
　しかしながら、先行研究では特定の器種のみを対象としていることが多く、複数器種の消長を把握するといった「器種構成」の視点からの分析が十分であるとはいえない。すなわち、器種全体の変化のなかでの個別器種の位置づけが不明瞭である。
　その要因としては、対象資料と分析方法の課題が看取される。先行研究をみると、全体器形の把握を優先するがあまり、完形資料を中心とした分類に主体が置かれる傾向にある。この背景には、高麗時代の資料的制約があると考える。高麗時代遺跡の場合、複数の時期にまたがることがあり、この場合、遺構や層位での把握が困難で、かつ、破片資料が多数を占めるなど、良好な状態での一括遺物としての検出が難しいようである。そのため、必然的に資料状態がよい墳墓資料や沈没船出土資料が研究対象になることが多く、個別の器種での検討に留まっているような傾向がうかがえる。
　さらに、高麗陶器の編年が確立していないため、各資料の年代を推定する方法が一定ではない。高麗陶器の年代を推定するにあたっては、共伴遺物である高麗青磁の編年や遺構に対する理化学的方法による年代などが用いられることがある。また、窯跡の窯跡を対象にした研究では、遺構（窯）単位でなく、遺跡単位で資料を括り、年代を推定する方法が少なからずみられる。窯跡発掘調査報告書のなかには、表採資料も一括して報告されている場合があり、出土地

点を確認して、資料を取り扱う必要がある。

　上記のような問題を解決するため、本節では、一定程度の時期が推定できる「大型壺」の編年を用い、窯跡出土資料を対象とすることで、器種構成の変遷について検討する。その上で、各器種の消長を把握することで、高麗陶器の特質について考察する。

2. 資料と方法

　高麗陶器窯跡出土資料のなかで、大型壺の残存状況が比較的よく、かつ、複数器種が共伴している窯跡出土資料を対象とする。

　窯跡出土資料を対象とした理由は、高麗時代遺跡出土資料のなかで、窯跡出土資料はある程度の一括性が認められるためである。本節でいう窯跡出土資料とは、資料数の確保のため、窯内だけではなく、灰原出土資料も含むものとする。また、灰原出土資料のみを対象にした資料のうち、出土製品を生産した窯が複数ある場合は、想定される窯を表に記載した。無論、窯跡出土資料の場合、廃棄されたものが残され出土した可能性が高い。そのため、窯で生産された器種がすべて示される訳ではないが、傾向は把握できるものと考える。

　なお、出土遺物の報告があるものの、窯か灰原か、もしくは周辺地区なのか、出土位置の情報が把握できない資料は除外した。結果、対象資料は、計24遺跡、窯跡出土資料32箇所を数える（表2-5・図2-21）。

3. 器種の消長と器種構成の変遷

　窯跡出土資料を対象に、第2章第2節で検討した各器種についての出土の有無と、大型壺との共伴関係をまとめると表2-6のとおりになる。

　対象とした窯跡出土資料について、報告書より各遺物の出土地点を確認した結果について、窯や灰原、窯・灰原などといったように表内に明記している。表内の縦列の順序は、大型壺編年に従い、各時期をグループにして、下にいく

表 2-5　対象遺跡一覧

No.	窯跡		出典
1	始興芳山洞	陶器窯	海剛陶磁美術館 2004
2	廣州陶雄里	2号窯	韓國先史文化研究院 2018
3	華城佳才里	C地点1号窯	韓神大學校博物館 2010
4	華城佳才里	C地点2号窯	韓神大學校博物館 2010
5	龍仁金魚里	陶器窯	누리考古學研究所 2018
6	龍仁星福洞	A-7・19号窯	韓神大學校博物館 2004
7	驪州安金里	陶器窯	中央文化財研究院 2007
8	安城日照里	3号窯	畿南文化財研究院 2017
9	安城日照里	8号窯	畿南文化財研究院 2017
10	安城日照里	9号窯	畿南文化財研究院 2017
11	安城日照里	11号窯	畿南文化財研究院 2017
12	安城梧村里	1号窯	中央文化財研究院 2008
13	安城和谷里	2号窯	朝鮮官窯博物館 2006
14	鎭川校成里	陶器窯	韓國先史文化研究院 2008
15	鎭川會竹里	Ⅲ-2-다區域 1・2号窯	忠淸北道文化財研究院 2010b
16	陰城梧弓里	16号窯	韓國文化財保護財団 2001
17	忠州水龍里	1-가地点 1号窯	忠淸北道文化財研究院 2010a
18	唐津大雲山里	陶器窯	忠淸文化財研究所 2005
19	瑞山舞將里	1・2号窯	忠淸埋蔵文化財研究所 2000
20	公州佳橋里	陶器窯	公州大學校博物館 2000
21	原州月松里	1地区1号窯	中部考古学研究所 2012
22	金泉大聖里	1〜3号窯	慶尙北道文化財研究院 2002
23	羅州板村里	窯	영해文化遺産研究院 2016
24	靈岩鳩林里	西1区1号窯	民族文化遺産研究院 2019
25	靈岩鳩林里	東5区1号窯	民族文化遺産研究院 2019
26	康津三興里	E-3号窯一括	國立光州博物館 2004
27	麗水月下洞	1号窯	東西綜合文化財研究院 2019
28	梁山內松里	1号窯	韓國文物研究院 2012
29	梁山內松里	4号窯	韓國文物研究院 2012
30	梁山東面內松里	1号窯	韓國文物研究院 2018
31	梁山東面內松里	2号窯	韓國文物研究院 2018
32	梁山東面內松里	3号窯	韓國文物研究院 2018

第 2 章 高麗陶器の分類と編年 85

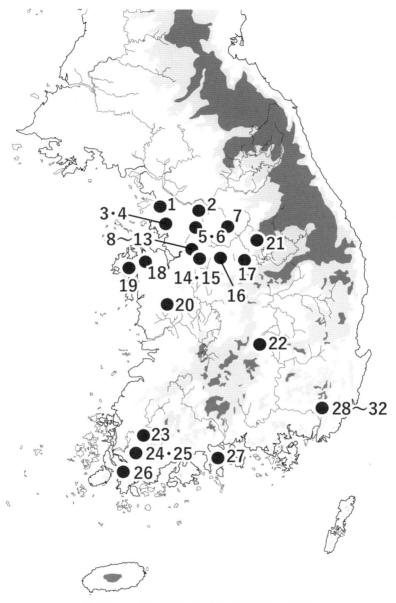

図 2-21 対象遺跡分布図（No. は表 2-5 と対応）

表 2-6　窯跡出土資料の器種構成

窯跡	生産窯	出土地点	大型壺	細頸頭壺	短頸頭壺	無頸頭壺	盤口壺	甕	ラッパ口瓶	盤口瓶	1面扁瓶	2面扁瓶	4面扁瓶	梅瓶	鉢a	鉢b	鉢c	瓶	碗	蓋
陰城梧弓里	16号窯	窯	I												○				○	
公州佳橋里	陶器窯	窯	I	○	○										○				○	○
龍仁星福洞	A-7・19号窯	灰原	I	○	○										○					
安城日照里	3号窯	窯	I					○							○	○				
安城日照里	8号窯	窯	I	○											○					
安城日照里	9号窯	窯	I		○										○					
唐津大雲山里	陶器窯	窯	I										○		○					
安城日照里	11号窯	窯	I・II	○											○					
始興芳山洞	陶器窯	窯	II					○	○			(○)								
安城梧村里	1号窯	窯	II																○	
羅州板村里	窯	灰原	II																	
靈岩鳩林里	西1区1号窯	窯	II	○						(○)		○								
靈岩鳩林里	東5区1号窯	窯	II	○							○									
麗水月下洞	1号窯	窯・灰原	II	○				○			○				○				○	
龍仁金魚里	陶器窯	窯	III		○		○													
驪州安金里	陶器窯	窯・灰原	III		○			○						○		○	○			
鎭川校成里	陶器窯	窯	III		○									○		○				
瑞山舞將里	1・2号窯	窯・灰原	III																	
原州月松里	1地区1号窯	窯	III																	
金泉大聖里	1〜3号窯	灰原	III																	
梁山東面内松里	2号窯	窯	III																	
梁山内松里	1号窯	窯	III・IV	○						○										
廣州陶雄里	2号窯	窯・灰原	IV	○	○			○	○					○						
安城和谷里	2号窯	窯	IV	○	○	○														
忠州水龍里	1-가地点1号窯	窯	IV	○	○			○												
康津三興里	E-3号窯一括	窯	IV	○											○					
梁山内松里	4号窯	窯	IV																	○
梁山東面内松里	1号窯	窯	IV																	
梁山東面内松里	3号窯	窯	IV	○	○		(○)	○							○	(○)				
華城佳才里	C地点1号窯	窯	V	○							○									
華城佳才里	C地点2号窯	窯	V																	
鎭川會竹里	III-2-다區域1・2号窯	灰原	V													○				

につれて新しい時期になるように配列した。各時期内での配列は、表2-5をもとにNo.順に並べた。また、一つの窯跡資料において、大型壺の二つの型式が認められる場合、「Ⅰ・Ⅱ」や「Ⅲ・Ⅳ」といったように表記し、新しい時期の方に入れた。器種の有無について、出土が認められるものは「○」、残存状況がよくないが器種として推定できたものは「(○)」、出土が認められないものは空白とした。[3]

　表2-6をもとに、各器種の変遷図を示したものが図2-22・23になる。これらの成果をもとに、器種の消長と器種構成の変遷について検討する。

（1）器種の消長
①壺類

　壺類のうち、大型壺、短頸壺は、Ⅰ～Ⅴ期全時期にわたって確認できる。なお、大型壺と口径が大きい短頸壺は、Ⅴ期になると、両器種の口縁部形態だけみるとかなり類似しており、正直、見分けが難しい。そのため、今後、朝鮮時代甕器との比較をおこない、両器種の系譜をより検討していく必要がある。

　細頸壺は、Ⅰ～Ⅳ期で確認でき、今のところ、Ⅴ期では認められない。大型壺のように、時代が新しくなるにつれて、短頸化の傾向がみえる。無頸壺は、消費遺跡も含め、相対的に資料が少なく不明瞭なものの、Ⅳ期に出現するようである。一方、盤口壺は、消費遺跡では比較的多く出土が確認できるものの、現在のところ窯跡出土資料では少ない。窯と出土資料からみると、Ⅳ期からその出現が認められる。

　表2-6には掲載していないが、二重口縁壺も窯跡出土資料では発見が少ない。今回対象とした資料のなかでは、金泉大聖里・灰原のみで確認できる。
②甕

　Ⅲ期に出現し、Ⅴ期まで継続する。朝鮮時代甕器にも類似した口縁部形態のものをもつことがある。そのため、先の大型壺と短頸壺も含め、朝鮮時代甕器と系譜関係にある可能性も想定できる。

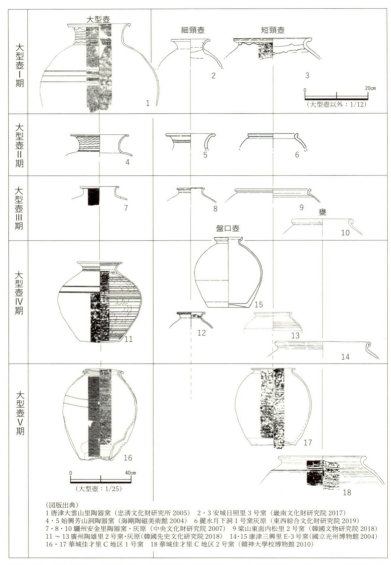

図 2-22　窯跡出土高麗陶器　器種構成変遷図（1）（各報告書より一部改変・転載、大型壺：1/25、その他：1/12）

第 2 章　高麗陶器の分類と編年　89

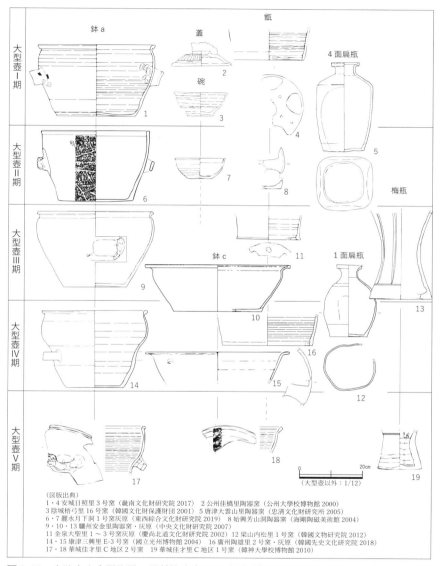

（図版出典）
1・4 安城日照里 3 号窯（畿南文化財研究院 2017）　2 公州佳橋里陶器窯（公州大學校博物館 2000）
3 陰城梧弓里 16 号窯（韓國文化財保護財団 2001）　5 唐津大雲山里陶器窯（忠淸文化財研究所 2005）
6・7 麗水月下洞 1 号窯灰原（東西綜合文化財研究院 2019）　8 始興芳山洞陶器窯（海剛陶磁美術館 2004）
9・10・13 驪州安金里陶器窯・灰原（中央文化財研究院 2007）
11 金泉大聖里 1 〜 3 号窯灰原（慶尚北道文化財研究院 2002）12 梁山内松里 1 号窯（韓國文物研究院 2012）
14・15 康津三興里 E-3 号窯（國立光州博物館 2004）　16 廣州陶雄里 2 号窯・灰原（韓國先史文化研究院 2018）
17・18 華城佳才里 C 地区 2 号窯　19 華城佳才里 C 地区 1 号窯（韓神大學校博物館 2010）

図 2-23　窯跡出土高麗陶器　器種構成変遷図（2）（各報告書より一部改変・転載、1/12）

③瓶類

　ラッパ口瓶と盤口瓶はⅠ～Ⅳ期に確認できる。1面扁瓶と2面扁瓶は、今のところ窯跡出土資料での確認が少なく、その消長は不明瞭である。1面扁瓶は、Ⅱ期にあたる霊岩鳩林里西1区1号窯の破片資料があり、残存状況がよくないが、胴部形態よりその存在が推定できる。このほか、Ⅳ期の廣州陶雄里2号窯・灰原でも確認できる。2面扁瓶は、Ⅲ・Ⅳ期の梁山内松里1号窯とⅣ期の廣州陶雄里2号窯で出土している。4面扁瓶は、Ⅰ期よりみられ、Ⅱ期の複数の窯跡出土資料で認められるものの、Ⅲ期以降では確認できない。梅瓶はⅢ期に出現し、Ⅳ期では今のところないが、Ⅴ期の資料で確認できる。よって、Ⅲ～Ⅴ期に継続して生産されていた可能性が考えられる。

④鉢類

　鉢aはⅠ～Ⅴ期全時期にわたって継続的にみられる。一方、鉢bは散在的であり、Ⅰ、Ⅲ・Ⅳ期でその存在が確認できる。鉢cは、Ⅲ期に出現し、Ⅳ・Ⅴ期と継続的に生産されていたことがわかる。

⑤その他の器種

　甑は、Ⅰ～Ⅴ期全時期にわたって継続的にみられる。底部に穿たれる孔の形状はやはり多様であり、時間に伴う型式変化ではないようであり、地域性が反映している可能性もあるのではないかと考える。

　碗・蓋は、Ⅰ期の窯跡では多数確認できるが、Ⅱ期になると2箇所の窯跡でしか認められなくなる。なお、Ⅳ期の梁山内松里4号窯より、蓋のつまみの破片が出土している。碗の蓋とは形態が異なるため、壺や瓶など他の器種の蓋の可能性が高いと考える。今回はとりあえず、蓋として表には掲載している。

　以上みてきた各器種の消長について、整理すると下記のとおりになる。

　　壺類

　　　　大型壺：Ⅰ～Ⅴ期

　　　　細頸壺：Ⅰ～Ⅳ期

　　　　短頸壺：Ⅰ～Ⅴ期

　　　　無頸壺：Ⅳ・Ⅴ期

盤口壺：Ⅳ期
　甕：Ⅲ～Ⅴ期
　瓶類
　　ラッパ口瓶：Ⅰ～Ⅳ期
　　盤口瓶：Ⅰ～Ⅳ期
　　1面扁瓶：Ⅱ、Ⅳ期
　　2面扁瓶：Ⅲ・Ⅳ期
　　4面扁瓶：Ⅰ・Ⅱ期
　　梅瓶：Ⅲ、Ⅴ期（Ⅲ～Ⅴ期か）
　鉢類
　　鉢a：Ⅰ～Ⅴ期
　　鉢b：Ⅰ、Ⅲ・Ⅳ期
　　鉢c：Ⅲ～Ⅴ期
　その他の器種
　　甑：Ⅰ～Ⅳ期
　　碗・蓋：Ⅰ・Ⅱ期[4]

　全体的にⅤ期の資料が少ない。それゆえ、Ⅴ期において、継続する器種や消滅する器種などについて本節をもって断定することは難しいと考えている。今後、当該期の資料の蓄積を図るとともに、Ⅴ期以降にあたる朝鮮時代甕器との比較検討を通して、系譜や消長をさらに検討する必要がある。

（2）器種構成の変遷

　先にみた器種の消長をふまえ、器種構成の変遷について検討する。長期的に生産される器種、消滅する器種、新たに出現する器種といった三つの視点から整理することとしたい。
　まず、長期的に生産される器種である。Ⅴ期の資料が少ないことを勘案し、Ⅰ～Ⅳ期も含め、長期にわたって生産された器種として、大型壺、細頸壺、短頸壺、ラッパ口瓶、盤口瓶、鉢a、甑を挙げることができる。これらの器種

は、基本的に前時期の統一新羅時代にも類似した器種を確認できることから、当該期の土器・陶器における、いうなれば「通時的器種」といえよう。

また、高麗時代だけに限ってみても、全時期にわたって生産された器種であることから、高麗陶器の主要器種であるともいえる。韓惠先をはじめとして、高麗陶器の特徴の一つとして「貯蔵・運搬」用容器として位置づけされている（韓惠先2001など）。今回の分析をもって、高麗陶器における主要器種をより具体的に提示することができたものと考えておきたい。

これらの器種は、今後、朝鮮時代甕器とのつながりを考えることで、さらなる継続性をとらえることができる。このことは、鄭明鎬が指摘した、伝統性を継承し命脈を保存した現代韓国までに至る民衆使用の生活容器（鄭明鎬1986）の流れをより明瞭にすることにもつながる。

次に、消滅する器種は、碗・蓋がある。すでにいくつかの先行研究でも高麗時代に入って消滅することが指摘されている。崔喆熙は、高麗陶器の碗について、磁器発生後にしだいに製作されなくなり、消滅するという一般的な見解に対して、『宋史』高麗傳に当時の器皿がすべて銅であるという記事から、11世紀前半までは、磁器が普及しておらず、金属器とともに、高麗陶器碗の使用を想定している（崔喆熙2003）。

本節の分析で、碗はⅡ期にあたる10・11世紀までは存在が確認できるが、消滅する明確な時期まで特定することは難しい。崔喆熙が指摘する磁器の普及との関係については、今後、消費遺跡出土の高麗陶器碗とともに、同時期の他素材で製作された小型器皿類と比較検討していく必要がある。

最後に、高麗時代になり、新たに出現する器種がある。盤口壺、甕、梅瓶、鉢cなどがある。このほかにも、1・2・4面扁瓶、鉢bも該当するが、今回の分析においては資料数が少なく、時期の把握が難しいため、これらの器種を除き、出現する器種について考えてみたい。

盤口壺は今回の分析ではⅣ期の13世紀からの出現が確認できる。しかし、韓惠先の分析では、盤口壺は、12世紀からの出現が想定されている（韓惠先2019）。また、日本出土資料からみると、対馬木坂海神神社弥勒堂跡からも盤

口壺が出土しており、Ⅲ・Ⅳ期との共伴例が把握できる。そのため、今回の対象資料からは把握できなかったものの、対馬木坂海神神社弥勒堂跡の出例をもって、筆者も一旦、Ⅲ期にあたる 12 世紀からの出現を考えておきたい。

梅瓶、鉢 c もⅢ期からの出現ととらえることができる。両器種は青磁にも同様な器種が確認でき、模倣して製作された可能性が考えられる。

甕もⅢ期から出現が認められる。前時期にあたるⅡ期に甕に関係するような器種が認められないことから、外からの影響を受けて新たに誕生した器種の可能性も考えることができよう。すでに安城和谷窯跡発掘調査報告書のなかで、同様な指摘がされており、甕のような丸く丸める口縁をもつ壺と類似例として、8～9 世紀の渤海土器や 11～13 世紀の遼・金の陶器が挙げられている（梨花女子大學校博物館 2000）。

以上の検討の結果、高麗陶器の器種構成の変遷からみると、Ⅲ期の 12 世紀に画期があるといえる。前時代から継続して製作された碗・蓋が消滅し、新たに盤口壺、梅瓶、甕、鉢 c などを生産されるようになる。すなわち、生産された器種からみると、統一新羅時代の土器・生産様式から脱却し、高麗時代特有の陶器生産に変化する。この時期をもって、いわゆる「高麗陶器」が確立するといえるのではないだろうか。

第 6 節　小　結

本章における分析結果を整理すると、以下のとおりである。
①高麗陶器の器種は、大きく、壺類、瓶類、鉢類、その他の器種を設定できた。このなかで、壺類、瓶壺、鉢類については、さらに細別化した。壺類は、口縁部や頸部などの形態をもとに、大型壺、長頸壺、細頸壺、無頸壺、瓶類は、口縁部や胴部などの形態をもとに、ラッパ口瓶、盤口瓶、1 面扁瓶、2 面扁瓶、4 面扁瓶、梅瓶、鉢類は、口縁部や胴部などの形態をもとに、鉢 a（韓惠先分類でいう「水汲甕」）、鉢 b（韓惠先分類でいう「鉢」）、鉢 c

（韓惠先分類でいう「大鉢（洗）」に分類できた。

②大型壺に時間的変遷を示す型式変化があることを明らかにし、編年を構築した。おもに、大型壺の頸部形態と、波状文が施されるものはその文様をもとに属性分析をおこない、Ⅰ～Ⅴ類を設定した。その上で、各型式と、紀年銘資料や年代のわかる共伴資料をもとに、Ⅰ類からⅤ類にかけて時間的変遷があることを明らかにした。すなわち、大型壺は、時期が新しくなるにつれて、短頸化と波状文の単数化・粗雑化がみられ、かつ、両者は連動して変化することを示した。

③朝鮮時代移行期の大型壺の様相として、泰安馬島4号船出土資料をもとにすると、大型壺Ⅴ類と、朝鮮時代甕器の特徴の一つである「T字状口縁」をもつものが混在する時期があることを明らかにした。すなわち、高麗時代から朝鮮時代に移り変わるにあたり、高麗陶器においては、急激な変化があったというよりは、高麗陶器要素を残しながら漸次に変化した可能性があることを指摘した。

④盤口瓶・壺について、盤口瓶に時間的変遷に伴う一定程度の変化が認められることを示した。盤口瓶口縁部側面の溝が、明瞭でかつ、複数施されるものから、不明瞭もしくは溝を施されないものに変化することを示した。一方、盤口壺には、時間的変遷に伴う型式変化は現在のところみられなかった。

⑤高麗陶器の施釉について、泰安馬島1・2号船出土資料をもとにすると、13世紀頃において、他の器種に先行して盤口瓶・壺に「全面施釉」が施された可能性を指摘した。

⑥器種構成の変遷について、長期的に生産される器種、消滅する器種、新たに出現する器種があることを明らかにした。長期的に生産される器種は、大型壺、細頸壺、短頸壺、盤口瓶、鉢a、甑である。これらの器種は、統一新羅時代から続く通時的器種ともいえ、高麗時代全時期にもみられることから、貯蔵・運搬を目的とした、高麗陶器の主要器種としても位置づけた。消滅する器種は、碗、蓋であり、背景には、先行研究の成果を参考にする磁器の普及が影響した可能性も考えられる。新たに出現する器種は、盤口壺、梅瓶、

甕、鉢 c である。甕を除く、梅瓶、甕、鉢 c は青磁を模倣した可能性があることを指摘した。また、これらの器種はⅢ期にあたる 12 世紀頃から出現することから、この時期に画期が設定できる可能性を示した。

　本章では、おもに、器種分類と編年に関する検討をした。特に、編年については、大型壺の型式変化を把握することで、時間的位置づけが可能となる。共通した編年観が未構築である高麗陶器研究においては、遺物や遺構、遺跡に対する時間的変遷をとらえる際には、本章で構築した大型壺編年は特に有効であると考える。

　高麗陶器の特質を明らかにするため、考古学における基礎的研究ともいえる「生産」と「消費」をテーマとして、それらの解明を推し進めていく必要がある。次章では、まず、生産に関して検討する。具体的には、高麗陶器を生産した「窯」について、本章で構築した大型壺編年を援用し、窯構造の変化やその特徴などを時間的変遷のなかでとらえていく。さらに、地域別に検討することにより、そこからみえる高麗陶器の地域性についても論じたい。

註
（1）「盤口形口縁」とは、壺や瓶のなかで、口縁部の下部から上部にかけて盤のように立ち上がるもののことである。
（2）2015 年に、金大煥氏によって全羅南道霊岩郡に三国時代から朝鮮時代までの陶器 252 点が寄贈された（霊岩郡 2016）。このうち、本論では高麗時代の盤口瓶・盤口壺を対象とする。
（3）本分析では、器種構成の消長を把握するため、先に分析した盤口瓶 A・B 類は便宜上まとめて「盤口瓶」とした。
（4）先述したように、Ⅳ期でも蓋が確認できるが、形態より碗に対応するものではない可能性が高い。よって、ここでは、Ⅳ期を除き、Ⅰ・Ⅱ期とした。

第3章　高麗陶器の生産

第1節　本章の課題

　高麗陶器の生産様相について、先行研究では大きく、窯構造と生産品からアプローチされてきた。

　高麗陶器の窯構造の特徴について、窯前方部に排水溝が付くものや焼成部に段をもつものがあることがわかっている。また、高麗時代後半に至ると、窯構造の小型化とそれに伴う生産の萎縮が指摘されている（柳基正 2005、윤희경 2011、서승희 2017 など）。また、高麗陶器自体だけではなく、窯構造まで磁器窯の影響があったという指摘もある（김태홍 2017）。

　しかし、先述したように、窯構造に関する分析方法をはじめとして、窯の時期を特定する方法や窯と陶器の帰属関係を把握する方法などに問題がみられる。よって、高麗陶器窯構造に関する検討が決して十分であるとはいえない状況である。

　本章では、高麗陶器窯の基礎的研究の一つとして、窯構造の特徴やその時間的変遷と特徴などを整理し、把握することを目的とする。

　なお、日韓において窯構造に関する呼称は、研究者や報告書などによって異なることも少なくない。そこで、齟齬が生じないよう、本書では、望月精司による日本の古代須恵器窯の構造に関する研究成果（望月 2010a・b、図 3-1）を参考に、窯構造の呼称をおこなうこととする。

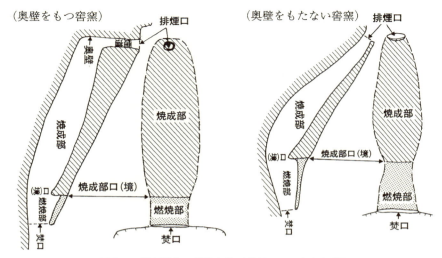

図 3-1　須恵器窯の部位名称（望月 2010a より転載）

第 2 節　楊広道地域における窯構造の変遷

1. 資料と方法

　韓惠先によると、高麗陶器窯は、これまでに約 40 遺跡 100 基以上発見されている（韓惠先 2019）。このうち、本節では、高麗時代の楊広道地域、現在の京畿道・忠清道地域に所在する高麗陶器窯のうち、大型壺が出土し、かつ構造のわかる残存状況がよい窯跡を対象とする。楊広道地域に分析対象を限定する理由は、高麗時代の中心地域であることに加え、高麗時代全般にわたり、通時的に窯が認められる地域であるためである。また、詳細については後述するが、慶尚道地域の金泉大聖里窯跡をみる限り、他地域に比べると特殊な窯構造を示しており、地域性が少なからずある可能性が考えられる。よって、ある程度地域を限定することで、もし地域性が存在するならば、少しでも除外したい

表 3-1　楊広道地域・対象資料一覧

No.	窯跡		報告書
1	始興芳山洞	陶器窯	海剛陶磁美術館 2004
2	廣州陶雄里	2号窯	韓國先史文化研究院 2018
3	華城佳才里	C地点1号窯	韓神大學校博物館 2010
4	龍仁金魚里	陶器窯	누리고고학연구소 2018
5	龍仁東栢里・中里	IV-3-8号窯	韓國文化財保護財團 2005
6	驪州安金里	陶器窯	中央文化財研究院 2007
7	安城日照里	3号窯	畿南文化財研究院 2017
8	安城日照里	9号窯	畿南文化財研究院 2017
9	安城日照里	11号窯	畿南文化財研究院 2017
10	鎭川會竹里	III-2-다區域1号窯	忠清北道文化財研究院 2001b
11	陰城梧弓里	16号窯	韓國文化財保護財團 2001
12	忠州水龍里	1-가地点1号窯	忠清北道文化財研究院 2010a
13	唐津大雲山里	陶器窯	忠清文化財研究院 2005
14	瑞山舞將里	1号窯	忠清埋蔵文化財研究院 2000
15	瑞山舞將里	2号窯	忠清埋蔵文化財研究院 2000
16	公州佳橋里	陶器窯	公州大學校博物館 2000

というねらいもある。その結果、計16基の窯を対象とした（表3-1・図3-2）。以下のような手順で分析する。

　まず、窯構造の型式分類をおこなった上で、各型式と大型壺の対応関係を検討することで、時間的変遷を把握する。大型壺編年は第2章で検討した結果を参考とする。次に、先行研究で対象とされている窯全体の規模の比較や、排水溝の消長などについても検討する。以上の分析結果をもとに、楊広道地域における高麗陶器窯構造の特徴を把握する。

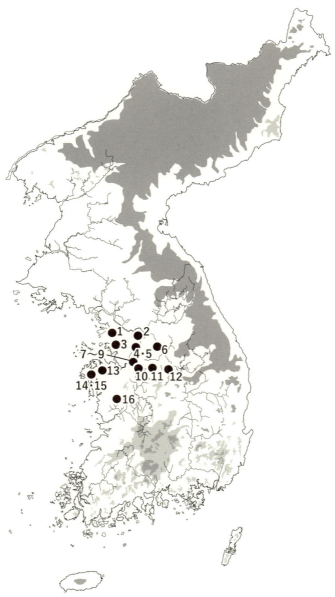

図 3-2　楊広道地域・対象資料分布図（No. は表 3-1 と対応）

2. 窯構造・規模・排水溝の検討

（1）窯構造・規模・排水溝の検討

　排煙関連施設の有無、奥壁・煙道の傾斜形態、焼成部の断面・平面形状などの属性をもとに分類した（図3-3）。

　窯構造を分類にするにあたり、「排煙関連施設」とは、窯の奥にあたる窯後方部に設けられる空間や施設などのことを示すこととする。なお、「排煙関連施設」と称する理由は、排煙に伴うものだけではない可能性があるためである。日本の古代須恵器窯に関する研究成果を参照すると、窯後方部の空間は、排煙調整や閉塞などの排煙に関するものだけではなく、窯構築や窯詰め・窯出しなどに関する作業空間としての可能性も指摘されている（望月 2010b）。高麗陶器窯において、正確にどのような作業がおこなわれていたかを復元できない現状では、一旦、排煙ならびにそれに関連した作業などをおこなっていたものと想定しておく。

　　窯構造 a 類：排煙関連施設をもたず、煙道が直立、もしくは緩やかに立ち上がるもの。
　　窯構造 b 類：排煙関連施設をもたず、排煙口に向かって窯体プランが絞り込み、煙道が直立気味に立ち上がるもの。
　　窯構造 c 類：排煙関連施設をもち、奥壁が直立し、傾斜した煙道につながるもの。
　　窯構造 d 類：排煙関連施設をもち、焼成部が緩やかに立ち上がりながら、煙道につながるもの。
　　窯構造 e 類：排煙関連施設をもち、焼成部が階段状、もしくは急激な傾斜をもつもの。

（2）窯構造型式と大型壺型式の対応関係

　先に設定した窯構造と大型壺の各型式の対応関係をみてみると、表3-2のよ

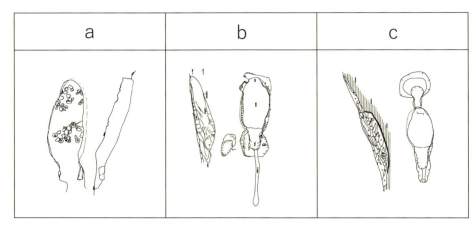

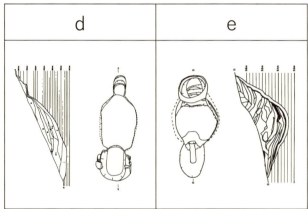

図 3-3 窯構造の各型式（a：韓國文化財保護財団 2016、b：海剛陶磁美術館 2004、c：忠清埋蔵文化財研究院 2005、d：忠清北道文化財研究院 2010a、e：韓信大學校博物館 2010 より一部改変・転載）

うになる。本表は、各窯跡において出土した大型壺の型式と、それを生産したと推定できる窯に対する構造の型式の組合せを把握したものである。

　大型壺の出土地点には、大きく窯内部と灰原の二つがある。灰原出土のものは、窯跡出土のものよりは、大型壺と生産した窯との対応関係がやや弱い可能性が考えられるが、一定数の資料の確保のため、本分析に含むこととした。ま

表 3-2　楊広道地域における大型壺と窯構造の型式対応関係

No.	窯跡		大型壺型式	窯構造型式
1	陰城梧弓里	16号窯	I	a
2	公州佳橋里	陶器窯	I	a
3	安城日照里	3号窯	I	a
4	唐津大雲山里	陶器窯	I	b
5	安城日照里	9号窯	I	b
6	安城日照里	11号窯	II	b
7	始興芳山洞	陶器窯	II	b
8	瑞山舞將里	1号窯	III	c
9	瑞山舞將里	2号窯	III	c
10	驪州安金里	陶器窯	III	c
11	龍仁金魚里	陶器窯	III	d
12	廣州陶雄里	2号窯	IV	c
13	龍仁東栢里・中里	IV-3-8号窯	(IV)	c
14	忠州水龍里	1-가地点1号窯	IV	d
15	鎭川會竹里	III-2-다區域1号窯	V	d
16	華城佳才里	C地点1号窯	V	e

た、表内の大型壺型式において、（　）で表記しているものは、残存状況がよくないものの、型式を推定できるものを示している。

　対応関係を把握した結果、大型壺の型式変化に伴い、窯構造もある程度連動して変化していることがわかる。窯構造と大型壺の各型式の対応関係を整理すると次のとおりである。窯構造a類はⅠ期のみ、窯構造b類はⅠ～Ⅱ期、窯構造c類はⅢ～Ⅳ期、窯構造d類はⅢ～Ⅴ期、窯構造e類はⅤ期に該当する。つまり、一部の窯構造型式が併存しながら、窯構造a・b類→窯構造b類→窯構造c・d類→窯構造e類へとしだいに推移していくことがわかる。

(3) 窯規模の比較

次に、大型壺の編年にもとづいて、時期ごとの窯規模（窯全長×最大幅）と焼成部規模（焼成部水平長×最大幅）について検討する。最大幅は、構造上、焼成部に位置する。窯全長は、窯構造における各部位への認識と同様、研究者や発掘調査報告者などによって、異なることが少なくない。よって、窯全長と焼成部水平長については、以下のとおり、古代須恵器窯の研究成果を参考にして計測した。

須恵器窯における窯水平長は、「焚口から奥壁上端≧排煙口≧奥壁までの水平距離」と定義づけされている（望月 2010a）。高麗陶器窯の場合、奥壁の形状が多様であるため、通時的にみる場合、その構造の把握が容易ではない。よって、古代須恵器窯における窯水平長の定義を援用し、平面図上で、排煙口の位置を推定し、焚口からそこまでの距離を「窯全長」とした。焼成部水平長は、「焼成部境から奥壁の下端ないしは窯尻床、煙道のある場合は煙道の境までの、焼成部の水平長」とされる（望月 2010a）。この定義を援用し、高麗陶器の焼成部境は、断面形状もふまえつつ、平面上で燃焼部から焼成部にかけて一端窄まり箇所とした。ただし、今回の対象資料のなかでさえも、窯尻まで完存しているものは少なく、窯全長を把握できる資料に限りがあり、あくまでも傾向の把握に留まる。よって、今後、資料の蓄積に伴い、随時、計測方法や部位の認定方法などを改善していく必要性があることを記しておく。

時期別の窯全長×最大幅、焼成部水平長×最大幅の関係を散布図で示したものが図 3-4・5 である。縦軸が窯全長と焼成部水平長、横軸が最大幅を示す。結果、窯全長・焼成部水平長と最大幅の規模の関係は、同様の傾向を示している。本分析は、先述したように楊広道地域における高麗陶器窯のうち時期がわかる大型壺が出土した資料を対象に限定している。そのような条件のもとではあるが、窯全長、もしくは焼成部全長と最大幅との規模からは、先行研究で指摘されているように、「小型」「中型」「大型」に明確に区分することは難しいと思われる。

図 3-4 は、窯全長と最大幅の規模について、Ⅰ～Ⅴ期にわけて窯ごとにプ

第3章 高麗陶器の生産 105

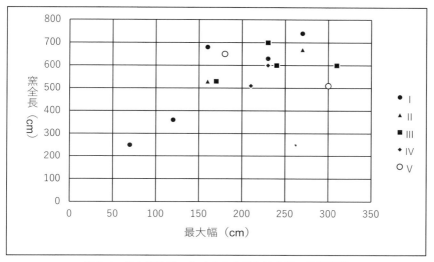

図 3-4 楊広道地域における窯全長と最大幅の相関関係

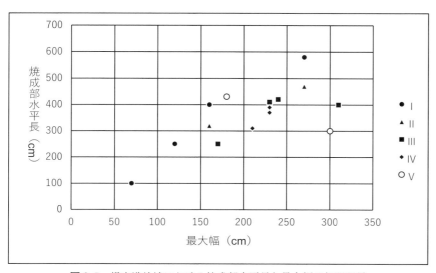

図 3-5 楊広道地域における焼成部水平長と最大幅の相関関係

写真 3-1 排水溝の一例（海剛陶磁美術館 2004より転載）

ロットしたものである。I期の二つの窯を除き、ほかのものは窯全長 500 cm 以上で、最大幅 150〜350 cm の範囲におさまっている。このことにより、窯全長と最大幅をもとに、しいて区分をするならば、窯全長 400〜500 cm、最大幅 150 cm を基準にそれ以上のものを「大型」、それ以下のものを「小型」と設定できる可能性がある。

図 3-5 は、焼成部水平長と最大幅の規模の関係である。窯全長×最大幅との関係のものと比べ大きな変化をみることはできない。しいていうなれば、焼成部水平長と最大の関係からも、「大型」「小型」の区分を補強できる。つまり、先述した窯全長と最大幅の関係をもとにすると、焼成部水平長 300 cm、最大幅 150 cm を基準に大型、小型に区分できると思われる。

時間の変遷に伴う規模の変化を現状では把握できない。I期の段階で、すでに「大型」「小型」の2種類が確認できる。その後、II期以降は、大型の範囲内において、各時期のものが混在している。V期になっても、一定の傾向にあるわけではない。V期は、窯構造の型式からみても二つのものがある。このことは、V期以降の朝鮮時代に至るにあたって、複数の窯構造の系譜の存在を示唆するものである可能性が高いと考えられる。

（4）排水溝の消長

窯構造の細部にあたる「排水溝」の消長について、これまでの分析方法と同様、大型壺の編年から把握する。排水溝は、窯前方部から窯外へと伸びる溝のことを指す（写真 3-1）。機能としては、内部の湿気を排出し焼成過程で温度を高めることが推定されている（서승희 2017）。

第 3 章　高麗陶器の生産　107

表 3-3　楊広道地域における大型壺・窯構造型式と排水溝有無の対応関係

No.	窯跡		大型壺型式	窯構造型式	排水溝
1	陰城梧弓里	16号窯	I	a	
2	公州佳橋里	陶器窯	I	a	○
3	安城日照里	3号窯	I	a	○
4	唐津大雲山里	陶器窯	I	b	○
5	安城日照里	9号窯	I	b	○
6	安城日照里	11号窯	II	b	○
7	始興芳山洞	陶器窯	II	b	○
8	瑞山舞將里	1号窯	III	c	○
9	瑞山舞將里	2号窯	III	c	○
10	驪州安金里	陶器窯	III	c	
11	龍仁金魚里	陶器窯	III	d	
12	廣州陶雄里	2号窯	IV	c	
13	龍仁東栢里・中里	IV-3-8号窯	(IV)	c	
14	忠州水龍里	1-가地点1号窯	IV	d	
15	鎮川會竹里	III-2-다區域1号窯	V	d	
16	華城佳才里	C地点1号窯	V	e	

　ここで、排水溝に関する先行研究の内容を整理しておく。金女珍は、排水溝が自身で設定した時期である 1 段階のみに確認でき、2 段階ではみられないと言及している（金女珍 2007）。一方、ソ・スンヒは、設定した 1 期（10 世紀後半から 11 世紀後半）に多数みられ、2 期（上限 12 世紀・下限 13 世紀中頃）に減少、3 期（13 世紀が中心）に消滅すると述べている（서승희 2017）。両研究において、共通する点としては、排水溝は高麗時代の早い段階に多く認められるということである。

　排水溝の消長について、大型壺と窯構造の対応関係をみると表 3-3 のようになる。I・II 期では、今回対象とした資料のうち、陰城梧弓里 16 号窯を除くすべての窯に排水溝が付設されている。III 期になると、瑞山舞將里 1・2 号窯

ではみられるが、驪州安金里陶器窯と龍仁金魚里陶器窯ではみられない。Ⅳ期に至ると、排水溝が確認できない。つまり、排水溝は、Ⅰ・Ⅱ期では大多数の窯に付設されるが、Ⅲ期ではある窯とない窯があり、Ⅳ期になると設置されなくなってしまうことが把握できた。

　この結果は、先述した二つの先行研究に比べると、高麗時代の早い段階でみられることは共通する。ただし、消滅の時期は、本分析によって、Ⅳ期、すなわち13世紀頃と推定することができた。これは、ソ・スンヒの分析結果を追証するものとなった。

3.　楊広道地域における窯構造の変遷と画期

（1）楊広道地域における高麗陶器窯構造の変遷
　これまでの分析をもとに、楊広道地域における高麗陶器窯構造の変遷について、時期ごとに整理する（図3-6）。
　Ⅰ期では、窯構造a類とb類の二つが確認できる。これらは、窯の構造上、統一新羅土器窯の系譜をひくものであると考えられる。窯構造a類とb類の大きな違いは、平面形態と奥壁の形状である。平面形態でみると、窯構造b類は、窯a類に比べ排煙口の窯尻にむかって絞り込む形状をなす。やや極端な表現をすると、焼成部中央部の上半における平面形状が、窯構造a類は半円形状、窯構造b類は三角形状を呈する。また、奥壁形態は、どちらも直立気味に立ち上がるが、窯構造b類の方が窯a類に比べ、やや傾斜している。このような窯構造b類の傾斜は、おそらく燃焼性の向上を目的としたものと考えられる。窯構造a類における窯全長の規模をみると、陰城梧弓里16号窯と公州佳橋里陶器窯は、それぞれ約3.6mと約4.3mである一方、安城日照里3号窯は、約8.7mとやや差がある。同時期の窯構造b類にあたる唐津大雲里陶器窯と安城日照里は、窯全長がそれぞれ約6.4mと約9.2mである。このようなことから、Ⅰ期は窯体の規模に差があることがわかる。
　Ⅱ期にあたる窯跡は現在のところ該当するものが少ない。二つの窯のみであ

第 3 章　高麗陶器の生産　109

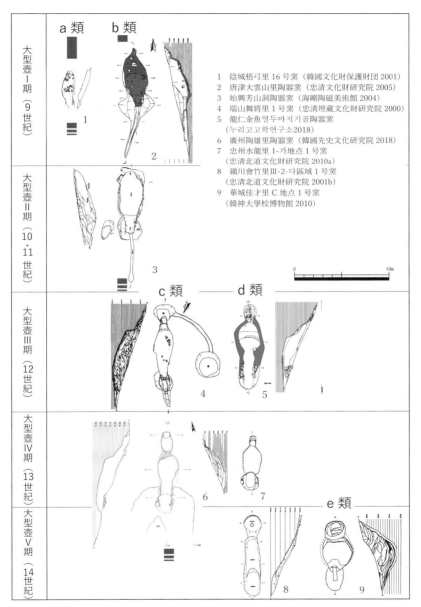

図 3-6　楊広道地域における高麗陶器窯構造変遷図（各報告書より一部改変・転載、1/400）

り、どちらも窯構造b類にあたり、窯全長は6～7mの規模のものである。窯全長3～4mのものがあるI期に比べ、全体的にやや大型化の傾向が看取される。

Ⅲ期になると、排煙関連施設をもつ窯構造c類とd類が確認できる。ただし、窯構造d類は龍仁金魚里陶器窯のみである。その他は窯構造c類にあたり、この時期の主体を占めている窯構造であるといえる。窯構造c・d類の大きな特徴は、排煙関連施設をもつことであり、この構造はⅢ期より登場したことがわかる。一方、窯構造c・d類の構造的違いは、焼成部から煙道にかけての断面形状である。窯構造c類が焼成部の奥壁が直立することに対し、窯構造d類は焼成部から緩やかに立ち上がりながら煙道に続く形状をなす。両者の窯全長規模は、5～7m程度のものであり、大きなばらつきはみられない。

Ⅳ期では、Ⅲ期に引き続き窯構造c類とd類がみられる。窯全長が5～6m代であり、前時期とさほどの変化はみられないようである。また、先の分析でみたように、Ⅳ期になると、Ⅲ期までみられていた窯前方部につく「排水溝」がみられなくなる。

Ⅴ期もⅡ期と同様、現在のところ、2基のみしか確認できない。窯構造d類とe類の2種類ある。前時期のⅣ期に比べ、新たな窯構造であるe類の出現が認められる点がⅣ期の特徴といえよう。現状において、今回対象とした楊広道地域では、窯構造e類は華城佳才里C地点1号窯のみである。断面形状を中心とした構造をみると、窯構造e類はa類からd類に比べ、大きな差異がみられる。窯構造a類からd類は、焼成部の傾斜に多少の差はあるものの、基本的な構造として煙道に向けて立ち上がっていく形状をなす。一方、窯構造e類は、燃焼部から焼成部にかけて急激にさがり、煙道にかけて急に立ち上がるもの、もしくは階段状を呈しているものである。すなわち、窯構造e類と窯構造a類からd類では、構造上大きなちがいがあり、系譜関係もふまえ、今後検討していく必要がある。

以上、時期別の窯構造の変遷をみてきた。この結果、先行研究でいわれているような高麗時代後期にかけての「小型化」は認められない。先述したように、

Ⅰ期のみで窯全長4m以下の「小型」を確認できるが、Ⅱ～Ⅴ期にかけては、窯全長5m以上のものである。また、Ⅴ期にあたる鎭川會竹里Ⅲ-2다區域1号窯は窯全長6.5m×最大幅1.8m程度、華城佳才里C地点1号窯は窯全長5.1m×最大幅3m程度と、他の時期のものと比べ決して小型化したとはいえない。よって、高麗陶器窯の規模は、新しい時期になるにつれて小型化するとはいえず、Ⅱ期以降は、窯全長5～8m、最大幅1.5～3.5m内で、各時期で構造を変化させながら築造されてきたものと考えられる。

(2) 楊広道地域における高麗陶器窯構造変遷からみた画期

　以上、時期別に、窯構造の変遷についてみてきた。その結果、Ⅲ期にあたる12世紀に画期が見出すことができる。Ⅲ期になると、Ⅰ・Ⅱ期の窯構造a・b類という統一新羅時代時代から続く窯構造から脱し、窯構造c・d類という「排煙関連施設」をもつ高麗時代特有の陶器窯が登場するためである。このことは、「陶器窯の構造をあえて変化させる必要がなかった」(韓惠先2005)ということではなく、高麗時代の陶器生産において、製作者たちが効率化を図ろうとして変化・工夫させていった表れであると考える。すなわち、この時期をもって、高麗時代の陶器窯が確立したといえよう。

　排煙関連施設の機能としては、須恵器窯の研究成果を参照すると、排煙調整や閉塞などの排煙関連だけではなく、窯構築や窯詰め・窯出しなどに関する作業空間としての可能性も指摘されている(望月2010b)。今のところは、排煙関連施設の機能を厳密に特定することは困難であるが、新しい構造を取り入れ生産効率の向上を図ろうとしていたことは推測できる。ただし、このような排煙口周辺を広げたり、煙道部を長くしたりするといった構造が、どこから影響を受けたかについては、今後、検討していく必要がある。

　また、Ⅲ期は、窯構造だけではなく、生産される器種でも新たなものがみられるようになる。器種構成においてⅢ期より青磁系器種や甕など新たな器種が製作された時期でもあり、生産面においても大きな画期があったものと判断できる。

第3節　慶尚道・全羅道地域における窯構造

本節では、慶尚道・全羅道地域における高麗陶器窯について、本章第2節と同様の方法で分析する。この検討を通して、楊広道地域との比較をおこない、類似点や地域性の有無などについて検討する。

1. 資料と方法

慶尚道地域と全羅道地域は、現在でいうとそれぞれ慶尚道と全羅道にあたる。第2節と同様に、大型壺が出土し、かつ、構造のわかる残存状況がよい窯跡を対象とする。楊広道地域に比べると、一つの地域での資料数が多くない。そのため、一部の資料については、資料数確保のため、多少残存状況がよくなくても対象としているものもある。結果、両地域あわせて計15基の窯を対象とする（表3-4・図3-7）。

楊広道地域との比較もふまえることもあり、表3-4と図3-7は、楊広道地域のものに追記する形で整理している。No.21の星州上彦里遺跡は、陶器窯であることに間違いはないものの、表3-4上では、便宜上、報告書での記載をそのまま表示して「1号土器窯」としている。

なお、楊広道・慶尚道・全羅道地域を除き、高麗時代に設置された五道・両界のうち、高麗陶器窯が確認できる地域として、交州道がある。管見によると、現在まで原州月松里遺跡（中部考古学研究所 2012）の1遺跡だけ確認できる。本遺跡からは4基の高麗陶器窯が発見されている。1号窯よりⅢ期の大型壺頸部片が出土しており、12世紀頃と考えられる。しかし、窯の残存状況はよくなく、本章での対象資料として取り扱うことは難しい。

分析方法は、本章第2節と同様である。まず、先に設定した窯構造型式について、慶尚道・全羅道地域における対応関係をみる。次に、各窯構造の型式と

表 3-4　慶尚道・全羅道地域における対象資料一覧（表 3-1 から連番で付す）

No.	窯跡		報告書
	慶尚道地域		
17	義城現山里	Ⅱ地区1号窯	慶南発展研究院歴史文化센터 2018
18	金泉大聖里	1号窯	慶尚北道文化財研究院 2002
19	金泉大聖里	2号窯	慶尚北道文化財研究院 2002
20	金泉大聖里	3号窯	慶尚北道文化財研究院 2002
21	星州上彦里	1号土器窯	慶尚北道文化財研究院 2008
22	蜜陽美田나地区	1号窯	東亜細亜文化財研究院 2014
23	梁山東面内松里	1号窯	韓國文物研究院 2018
24	梁山東面内松里	2号窯	韓國文物研究院 2018
25	梁山内松里	3号窯	韓國文物研究院 2012
	全羅道地域		
26	霊岩鳩林里	西1区1号窯	民族文化遺産研究院 2019
27	霊岩鳩林里	東5区1号窯	民族文化遺産研究院 2019
28	康津三興里	E-3号窯	國立光州博物館 2004
29	康津三興里	F-1号窯	國立光州博物館 2004
30	麗水月下洞	1号窯	東西綜合文化財研究院 2019
31	麗水月下洞	3号窯	東西綜合文化財研究院 2019

大型壺の対応関係を把握することで、時間的変遷を把握する。また、窯規模や排水溝の消長などについても楊広道の状況と比較したい。

　現在のところ、慶尚道・全羅道地域ともに資料数が少ない。これからの分析においては、地域性の有無も検討するため、楊広道地域の窯構造の状況との比較をおこなっていく。その際、資料数が少ないということもあり、慶尚道・全羅道両地域をあわせたものや各地域のものなど、適宜、比較対象で扱う地域を挙げていく。

114

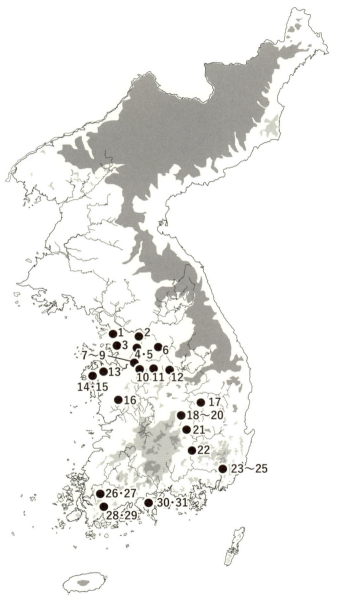

図 3-7　慶尚道・全羅道地域における対象資料分布図（No. は表 3-2・4 と対応）

2. 窯構造・規模・排水溝の検討

（1）窯構造型式と大型壺の対応関係

　対象資料について、本章第2節で設定した窯構造型式と、各窯跡や灰原から出土した大型壺の型式の対応関係をまとめると表3-5のとおりになる。両型式において残存状況がよくないため推定に留まるものは（　）で表記した。また、窯構造の型式において、金泉大聖里2号窯は、「階段式」で表記している。この構造の詳細については、後述する。

　大型壺と窯構造との各型式の組合せを検討した結果、楊広道地域とは異なり、現在まで慶尚道地域と全羅地域における資料では、Ⅰ～Ⅴ期を通時的に確認できない。このような状況ではあるが、慶尚道・全羅道地域をあわせて、大型壺と窯構造型式の関係をみると、楊広道地域と同じように、大型壺の型式変化に伴い、窯式構造もある程度連動していることがわかる。すなわち、楊広道地域と同じような窯構造型式をたどることが認められる。大型壺型式を軸に窯構造型式を整理すると、Ⅰ期・窯構造a類（慶尚道）→Ⅱ期・窯構造b類（全羅道）→Ⅲ・Ⅳ期・窯構造c・d類（慶尚道・全羅道）→Ⅴ期・d・e類（慶尚道・全羅道）へとしだいに推移していく。

　慶尚道地域におけるⅢ期の金泉大聖里2号窯のみ、先に設定した窯構造型式にはあてはまらない。金泉大聖里窯跡では、計4基の高麗陶器窯が発見されている。そのうち、1～3号窯跡が群集し、4号窯のみやや離れたところに位置する。1～3号窯の下部には灰原が形成されており、そこからⅢ期の大型壺が出土している。このことより、1～3号はⅢ期に該当すると考えられる。

　金泉大聖里1～3号窯のうち、1・3号窯は窯構造型式d類である。それに比べて2号窯は、やや特殊的構造をなす。平面形態は、窯構造型式d類に近いものの、窯後方に広い空間を付随する。また、床面は階段状をなす。窯後方部の空間は、排煙関連施設の可能性も考えられるが、通常のそれに比べ、大きい。また、窯構造型式d類の床面は、緩やかな傾斜をもつものがほとんどである。

表3-5 慶尚道・全羅道地域における大型壺と窯構造の型式の対応関係

No.	窯跡		大型壺型式	窯構造型式
	慶尚道			
1	義城現山里	Ⅱ地区1号窯	Ⅰ	a
2	梁山東面内松里	2号窯	Ⅲ	c
3	梁山内松里	3号窯	(Ⅲ)	(c)
4	金泉大聖里	1号窯	Ⅲ	d
5	金泉大聖里	2号窯	Ⅲ	〔階段式〕
6	金泉大聖里	3号窯	Ⅲ	d
7	蜜陽美田나地区	1号窯	ⅢかⅣ	(c)
8	梁山東面内松里	1号窯	Ⅳ	c
9	星州上彦里	1号土器窯	Ⅴ	e
	全羅道			
1	霊岩鳩林里	西1区1号窯	Ⅱ	b
2	霊岩鳩林里	東5区1号窯	Ⅱ	b
3	麗水月下洞	1号窯	Ⅱ	b
4	麗水月下洞	3号窯	Ⅱ	b
5	康津三興里	E-3号窯	Ⅳ	d
6	康津三興里	F-1号窯	Ⅴ	(d)

一方で、金泉大聖里2号窯のような、窯後方部に広い空間をもち、階段状床面を呈している。このような窯構造に関する他の類例を探すことができず、ここでは一旦「階段式」と呼ぶこととする。今後、青磁窯や瓦窯との構造を比較していき、本構造の性格を明らかにしていきたい。

Ⅴ期にあたる康津三興里F地区1号窯は、排煙口・煙道部の残存状況がよくなく、窯構造型式の判定が容易ではない。残存している床面や煙道部の傾斜などより、とりあえず、窯構造d類に位置づけておく。ただ、他のd類の窯構造に床面の傾斜に比べ、康津三興里F地区1号窯は、煙道まで緩やかに上がっていく。康津三興里窯跡群では、高麗青磁窯もあり、その影響を受けている可能性も考えられる。今後の検討次第では、他の窯構造型式に修正されることもあろう。

（2）窯規模の比較

　大型壺編年にもとづき、時期ごとの窯規模（窯全長×最大幅）と焼成部規模（焼成部水平長×最大幅）について検討する（図3-8・9）。楊広道地域との比較をするため、図3-4・5に追記する形で、慶尚道・全羅道地域の各窯をプロットした。

　比較するにあたり、本章第2節で検討した楊広道地域の窯の規模に関する特徴を整理しておく。概要をまとめると以下のとおりである。

①先行研究で言及されているような「小型」「中型」「大型」の区分はできない。

②Ⅰ期に該当する2基の窯を除き、窯全長500 cm以上、最大幅150〜350 cm以内の範囲におさまる。

③時間的変遷に伴う窯規模の変化がみられない。

　上記3点をふまえつつ、慶尚道地域と全羅道地域の窯規模からみた特徴を検討する。

　①について、楊広道地域に慶尚道・全羅道地域の窯をプロットした結果、散布状況が多様になる。よって、高麗陶器窯全体においても、やはり、「小型」「中型」「大型」に分けることが難しいと考えられる。

　②について、慶尚道・全羅道地域の窯においても、楊広道とほぼ同様である。ただ、1遺跡のみ窯全長が500 cm満たないものが認められる。義城現山里Ⅱ地区1号窯である。この窯は、全長324 cm×最大幅170 cmで、時期はⅠ期にあたる。楊広道地域の場合も窯全長500 cm以下のものがⅠ期である。よって、高麗陶器窯全体でみた場合もⅠ期は、Ⅱ期以降の時期のものに比べて、相対的に小型にある傾向がうかがえる。

　③についても楊広道の変化とほぼ同様であるといえる。慶尚道地域における窯構造の変遷を、楊広道地域と比較しながら時期ごとにみてみる。楊広道地域ではⅠ期ではすでに「大型」と「小型」の2種類がみられた。一方、慶尚道地域のⅠ期は「小型」のものしかみられない。全羅道地域においてⅠ期は確認できない。Ⅱ期以降の楊広道地域は、「大型」の範囲のなかで各時期のものが混

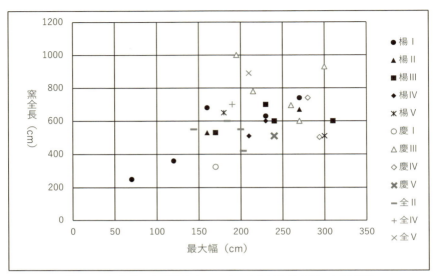

図 3-8　慶尚道・全羅道地域における窯全長と最大幅の相関関係

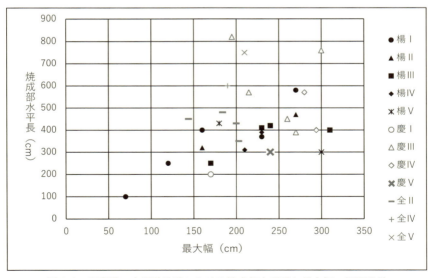

図 3-9　慶尚道・全羅道地域における焼成部水平長と最大幅の相関関係

在している。慶尚道地域も同様な様相を示す。Ⅲ～Ⅴ期のものは、楊広道・全羅道地域のものと比べてもばらつきが多い。一方、全羅道地域は、Ⅱ期のものは比較的一定程度のまとまりがみられる。窯全長と最大幅の関係でみると、窯全長400～600 cm程度×最大幅150 cm程度の範囲におさまる傾向にある。ただ、資料数が少なく、一つの傾向にしか過ぎない。楊広道地域ではⅤ期になっても、窯構造型式において二つのタイプがみられることもあり、窯規模からみても一定の傾向はみられない。慶尚道・全羅道地域も同様である。Ⅴ期の窯について、慶尚道地域では星州上彦里1号土器（陶器）窯、全羅道地域では康津三興里F-1号窯がある。窯全長でみると、前者が510 cm、後者が890 cmとかなりの差がみられる。また、窯構造の型式も大きく異なる。前者がe類で、後者はd類にあたる。このようなことから、やはり、楊広道地域と同じく、慶尚道・全羅道地域においても、Ⅴ期以降朝鮮時代に至るにあたり、複数の系譜の窯構造があることが想定される。

（3）排水溝の消長

　大型壺と窯構造型式の対応関係から排水溝の消長をみると表3-6のようになる。

　比較にあたり、まず、楊広道地域における排水溝の消長に関する概要は整理すると次のとおりである。

　Ⅰ・Ⅱ期では大多数の窯に付設され、Ⅲ期の窯ではあるものとないものがあり、Ⅳ期になるとなくなってしまう。

　慶尚道・全羅道地域では、Ⅰ期に義城現山里Ⅱ地区1号窯があるが、排水溝はみられない。これは、本遺構の残存状況が大きく影響している。1号窯は、2号窯に切られて、窯下方部が失われてしまっている（慶南発展研究院歴史文化센터 2018）。そのため、1号窯本来の姿を確認することができない。そのため、時期で考えると、排水溝があったとしてもおかしくない。

　Ⅱ期は全羅道地域のみで確認できる。霊岩鳩林里西1区1号窯と東5区1号窯、麗水月下洞1・3号窯である。これらの窯跡のうち、霊岩鳩林里西1区1

表 3-6　慶尚道・全羅道地域における大型壺・窯構造型式と排水溝有無の対応関係

No.	窯跡		大型壺型式	窯構造型式	排水溝
	慶尚道				
1	義城現山里	Ⅱ地区1号窯	Ⅰ	a	
2	梁山東面内松里	2号窯	Ⅲ	c	○
3	梁山内松里	3号窯	(Ⅲ)	(c)	
4	金泉大聖里	1号窯	Ⅲ	d	
5	金泉大聖里	2号窯	Ⅲ	※	
6	金泉大聖里	3号窯	Ⅲ	d	
7	蜜陽美田나地区	1号窯	ⅢかⅣ	(c)	
8	梁山東面内松里	1号窯	Ⅳ	c	○
9	星州上彦里	1号土器窯	Ⅴ	e	
	全羅道				
1	霊岩鳩林里	西1区1号窯	Ⅱ	b	○
2	霊岩鳩林里	東5区1号窯	Ⅱ	b	○
3	麗水月下洞	1号窯	Ⅱ	b	○
4	麗水月下洞	3号窯	Ⅱ	b	○
5	康津三興里	E-3号窯	Ⅳ	d	
6	康津三興里	F-1号窯	Ⅴ	(d)	

号窯を除く三つの窯跡では、楊広道地域の排水溝にはみられない構造をもつ。それは、排水溝に「石」を設置することである。このうち、霊岩鳩林里東5区1号窯と麗水月下洞3号窯では、割石を暗渠状に設置している状況がよく残っている。基本的構造は同じである。排水溝の両壁に割石をならべ、その上に石で蓋をする（写真3-2）。窯に貯まる水を傾斜を利用して流すという排水機能を補強していたことがうかがえる。このようないわゆる「暗渠状排水溝」は、韓半島南部では、今のところ、全羅道地域のみにみられるものである。

　一方、現在の北朝鮮における高麗陶磁器窯にも暗渠状排水溝のような構造がみられる。周知のとおり、北朝鮮における発掘調査報告情報は限定的なものであり、情報も必ずしも十分とはいえない。そのような状況のなかで、報告されている写真（김영진 2003）と図面（김영진 1991）をみると、黄海南道・鳳川郡

写真 3-2 全羅南道地域における「暗渠状排水溝」 左：霊岩鳩林里東5区1号窯、右：麗水月下洞3号窯（左：民族文化遺産研究院 2019、右：東西綜合文化財研究院 2019 より転載）

　円山里1号窯においても暗渠状排水溝らしきものが確認できる（写真3-3）。円山里窯跡は、初期高麗青磁の生産地の一つとしても知られている。円山里1号窯は、窯全長9.26 m であり、平面形態は楕円形状をなす（図3-10）。出土遺物をみると、高麗青磁だけはなく、高麗陶器大型壺頸部片（Ⅰ期のものか）や盤口瓶のほか、壺類、鉢類も確認できる。姜敬淑は、円山里1号窯が土器（陶器）窯の可能性が高いとし、報告されている青磁は攪乱ではないかと指摘している（姜敬淑 2005）。

　暗渠状排水溝について、円山里1号窯でもその可能性があるものがみられることから、高麗全域でみると、現状では全羅南道のみの特有性、地域性を示すものとはいいきることができない。今後、資料数を増やし、構造に関する詳細な検討が必要である。

　Ⅲ期は、全羅道地域においてその時期に該当する窯跡がなく、慶尚道地域の

写真 3-3 円山里1号窯の「暗渠状排水溝」（김영진 2003 より転載）

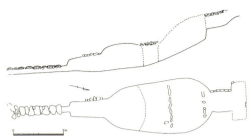

図 3-10 円山里1号窯平面図（김영진 1991 より転載、1/150）

金泉大聖里1〜3号窯が該当する。しかし、排水溝は確認できない。

Ⅳ期は、慶尚道の梁山東面内松里1号窯で排水溝が確認できる。一方で、同時期の全羅道地域における康津三興里E-3号窯ではみられない。Ⅴ期以降の窯では排水溝がない。

慶尚道・全羅道地域における排水溝の消長は、Ⅰ期は該当資料が少なく不明瞭であるが、Ⅱ期では多くの窯でみられ、Ⅲ期になると、相対的にみて附設される窯が少ないことがわかった。ここまでは楊広道地域と同じ様相である。楊広道地域ではⅣ期になると、排水溝は全くみられないのに対し、慶尚道地域では排水溝を付した窯を1基のみが確認できる。そのようななか、楊広道地域では排水溝がⅣ期に消滅することに対し、慶尚道地域ではⅣ期まで一部残る。

なお、排水溝の機能としては、本章第2節でも述べたように、高麗陶器に関する先行研究では、内部の湿気を排出し焼成過程で温度を高めることが推定されている（서승희 2017）。一方で、日本における古代の須恵器窯にも同じように、窯前方部に排水溝が付される例がみられる。機能としては、焼成温度が高温と化す燃焼部から焼成部下部において、床面の防湿効果の目的で付設される装置と考えられ、焚口から窯外への伸長されるものの多くは、やはり窯外へ湿

気を逃す意図があったものと考えられている（望月2010b）。

　いずれにしても、排水溝の機能としては、窯内に発生する湿気を逃すものであるといえよう。楊広道地域と慶尚道・全羅道地域において、時間的変遷に伴い、排水溝の機能が不必要になっていくことがわかる。確かに、それに連動するような形で、燃焼部の構造において、底を窪めた、須恵器窯でいう、いわゆる「船底ピット状」の窯も少なくなっていく傾向がうかがえる。そのため、窯構造の形状を水が貯まりにくいように変化させていったことも推察される。しかし、今のところ、該当する資料数が少ないため、排水溝が不必要になった背景を他の窯構造各部位との関係性から明確に解くことが難しい。

　慶尚道・全羅道地域は全体的資料が少ないが、排水溝の消滅する時期が楊広道地域より遅れることについて、一旦、地域差としてとらえておきたい。高麗の中央に近い楊広道地域で窯構造が変化していくなかで、中央から離れた慶尚道では変化に遅れがみられるということである。ただし、これに該当する梁山東面内松里1号窯は窯構造型式がc類であり、Ⅲ期にも確認できる窯構造型式である。そのため、Ⅳ期とはいっても、そのなかでも古い段階の可能性がある。今後、梁山東面内松里1号窯の年代的位置づけも含め、再考していく必要がある。

3. 慶尚道・全羅道地域における窯構造の変遷と地域性

（1）慶尚道・全羅道地域における窯構造の変遷

　以上の分析をもとに、慶尚道・全羅道地域における高麗陶器窯構造の変遷を時期ごとに整理する。両地域とも、全体的に資料数が少ないため、慶尚道と全羅道の各地域においても、通時的に窯構造の変遷を追えないのが現状である。ここでは、楊広道地域の様相と比較しながら、両地域をまとめ、時期ごとにその特徴を明らかにする。楊広道・慶尚道・全羅道地域の各窯型式の消長を表3-7に整理した。また、慶尚道・全羅道地域の窯構造変遷図として、図3-11・12に提示する。

表 3-7 楊広道・慶尚道・全羅道地域における窯構造型式の消長

時期	楊広道					慶尚道						全羅道				
	a類	b類	c類	d類	e類	a類	b類	階段式	c類	d類	e類	a類	b類	c類	d類	e類
Ⅰ期	■	■				■										
Ⅱ期													■			
Ⅲ期			■	■					■	■						
Ⅳ期			■	■											■	
Ⅴ期					■											

　Ⅰ期は、慶尚道地域の義城現山里Ⅱ地区1号窯のみで確認できる。窯構造はa型式を示す。1号窯の下方が2号窯に切られていたりしており、残存状況はよくない。煙道はやや緩やかに立ち上がるものである。窯規模は、楊広道のものとあわせてみた場合でも小規模にあたる。

　Ⅱ期は全羅道地域のみである。霊岩鳩林里西1区1号窯、霊岩鳩林里東5区1号窯、麗水月下洞1・3号窯である。すべてが窯構造b型式である。4基の窯規模は、霊岩鳩林里東5区1号窯の窯全長が420cmとやや小型で、ほか3基は窯全長550～600cmであり、最大幅は4基とも150～200cm程度であり、規模からみていると類似しているといえる。楊広道地域とも合わせ、窯規模はⅠ期のよりも大きく、大型化の傾向がみえる。

　また、霊岩鳩林里西1区1号窯を除く三つの窯跡では、排水溝を付設していることも注目される。しかも、割石による「暗渠状排水溝」である。このよう

第 3 章 高麗陶器の生産 125

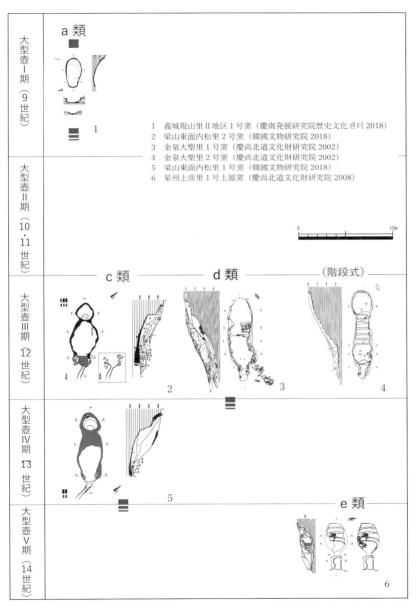

1 義城現山里Ⅱ地区 1 号窯（慶南発展研究院歴史文化센터 2018）
2 梁山東面内松里 2 号窯（韓國文物研究院 2018）
3 金泉大聖里 1 号窯（慶尚北道文化財研究院 2002）
4 金泉大聖里 2 号窯（慶尚北道文化財研究院 2002）
5 梁山東面内松里 1 号窯（韓國文物研究院 2018）
6 星州上彦里 1 号土器窯（慶尚北道文化財研究院 2008）

図 3-11　慶尚道地域における高麗陶器窯構造変遷図（各報告書より一部改変・転載、1/400）

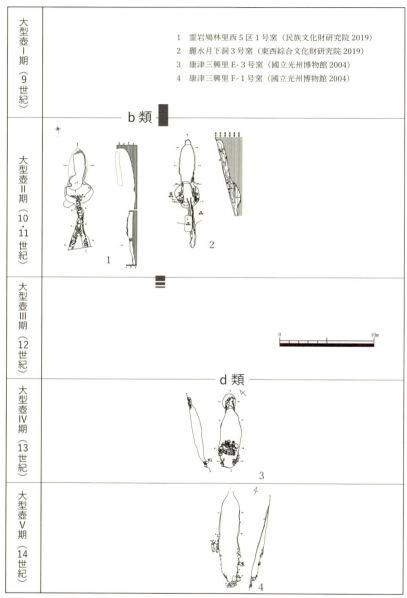

図 3-12 全羅道地域における高麗陶器窯構造変遷図（各報告書より一部改変・転載、1/400）

な構造の排水溝は、現在のところ、楊広道地域や慶尚道地域ではみられず、全羅道特有の可能性も考えられる。

　Ⅲ期は、慶尚道地域において、推定も含め、計5基が該当する。窯構造ｃ類とｄ類がみられるようになる。梁山東面内松里2号窯と梁山内松里3号窯はｃ類、金泉大聖里1・3号窯はｄ類にあたる。金泉大聖里2号窯は、窯後方部の空間が通常のものよりも大きく、床面も階段式を呈するなどやや特殊な構造である。いずれにしても、楊広道地域と同様、窯後方部に空間をもつ「排煙関連施設」の登場が慶尚道地域でもⅢ期から有するようになり、この時期の特徴の一つといえよう。窯規模について、楊広道ではⅢ期にそこまで差がないことに比べ、慶尚道地域では窯全長が600～1000 cmとややばらつきがみられる。

　Ⅳ期は、慶尚道・全羅道の各地域において1基ずつ確認できる。楊広道地域と同じように、Ⅲ期に引き続き、窯構造はｃ・ｄ類である。排水溝は、楊広道地域ではⅢ期になるとみられなくなることに対し、慶尚道地域の梁山東面内松里1号窯で排水溝の存在が確認できる。楊広道地域に比べると排水溝の消滅に関して、時期差がある可能性が考えられる。

　Ⅴ期も、慶尚道・全羅道のそれぞれの地域において、1基ずつ確認できる。窯構造ｄ類とｅ類である。楊広道地域と同様、この時期より窯構造ｅ類の存在が認められるようになる。

　慶尚道・全羅道地域における窯構造の変遷を検討した結果、窯構造における画期としては、楊広道地域と同じく、Ⅲ期の「排煙関連施設」の登場を位置づけることができよう。楊広道地域だけはなく、慶尚道・全羅道地域でも、同様な現象がみられることから、韓半島南部全体における高麗陶器窯の大きな変化であるといえる。

（2）窯構造からみた地域性

　先行研究において、「国家基盤手工業に編成されず、自律的」であり、「地域性が強い、定型化された窯構造を把握することは困難」と言及されている（韓惠先2019）。しかし、楊広道・慶尚道・全羅道の三つの地域における高麗陶器

の窯構造を検討したところ、多少の時期差がみられるものの、時期別に一定した変化があることがわかった。これについては、第6章において詳述したい。一方で、韓惠先が指摘するように、「地域性」もみられるようである。このことについて、慶尚道・全羅道地域と楊広道地域とを比較、その相違する点を整理することで、窯構造にみえる地域性の可能性を検討する。

　これまでの窯構造に関する分析において、楊広道地域ではみられず、慶尚道・全羅道地域にみられる点は次のような要素を挙げることができる。まず、Ⅱ期における全羅道地域の「暗渠状排水溝」の存在である。楊広道地域と慶尚道地域では、窯前方部に排水溝が設けられる類例はみられるものの、石で加工されたような排水溝は今のところ確認できない。よって、3地域において、全羅道地域特有の構造であるといえよう。しかし、韓半島全体でみた場合は、再考する必要がある。先にも紹介したとおり、黄海南道・鳳川郡円山里1号窯でも「暗渠状排水溝」がみられるためである。これに対して、今後、資料の蓄積と詳細な検討が必要であるものの、現在のところ、韓半島全体においては、黄海南道と全羅道地域のみである。この二つの地域で共通する点を強いて挙げるならば、初期高麗青磁の生産地に挙げられる点である。もし、そうであるならば、高麗青磁からの影響も想定できよう。しかし、管見する限り、暗渠状排水溝をもつ高麗青磁窯にはみられない。よって、高麗青磁窯だけはなく、統一新羅時代土器窯からの系譜の可能性も視野に入れつつ、その構造の系譜について、今後、検討していかなければならない。

　次に、地域性として、先に設定した窯構造型式に該当しない窯がⅢ期に登場することである。金泉大聖里2号窯である。窯後方部に通常の排煙関連施設に比べると広大な空間符を付設するとともに、焼成部床面は階段状をなす。高麗陶器窯に同様な形態の窯がないことから、青磁窯や瓦窯などの影響があった可能性がある。

　ここで重要なことは、地域性をもつと考えられる窯が「Ⅲ期」に登場することである。慶尚道・全羅道地域は、楊広道地域に比べ、Ⅲ期になると、金泉大聖里2号窯のような特殊な窯が登場するだけではなく、窯規模にもバリエー

ションがみられるようになる。このようなことから、慶尚道地域のⅢ期は、排煙関連施設という韓半島全体での変化を受け入れつつも、窯構造や窯規模などでは独自の要素を組み込みつつ、高麗陶器生産をおこなっていたことが想像できる。いうなれば、「地方窯」というべき地域性の強い窯がⅢ期に出現したということである。これまでの生産に関する検討を通して、器種構成や排煙関連施設という窯構造の変化に加え、慶尚道地域にみえる地方窯の出現などをみる限り、やはり、このⅢ期に生産の画期があったことを察することができる。

4. 慶尚道・全羅道地域における朝鮮時代移行期の窯構造の様相

　慶尚道・全羅道地域は、韓国において朝鮮時代甕器窯跡がもっとも発掘調査が進んでいる地域である（片山 2018）。数は多くはないものの、朝鮮時代の初め頃に該当する窯跡も発見されている。本項では、高麗時代から朝鮮時代にかけて、陶器から甕器へと変化する過程で、窯構造にも変化があったのかについて検討したい。ただ、朝鮮時代甕器に関する編年がないため、各窯跡の年代観については、片山まびの一連の研究成果（片山 2005・2012・2018）に従うこととする。
　片山によると、慶尚道・全羅道地域において、15 世紀代の窯と推定でき、構造の把握が可能である、比較的残存状況がよい窯として二つの窯跡を挙げることができる。慶尚南道・清道蓴池里窯跡と全羅南道・羅州牛山里窯跡である。両者の発掘調査報告書（慶南大學校博物館 1994、湖南文化財研究院 2004）をもとにしながら、片山の見解（片山 2018）も取り入れつつ、二つの窯の構造や年代について整理する。
　慶尚南道・清道蓴池里窯跡は、焼成室の残存長 1800 cm、窯床幅 100 cm、半地下式無段単室傾斜窯である。床面より刷毛目粉青が出土したことから 15 世紀後半から 16 世紀の年代が推定されている。
　全羅南道・羅州牛山里窯跡は、2 号窯が甕器窯である。焼成室の残存長 860 cm、窯床幅 120～150 m、半地下式無段単室傾斜窯である。1420～50 年頃

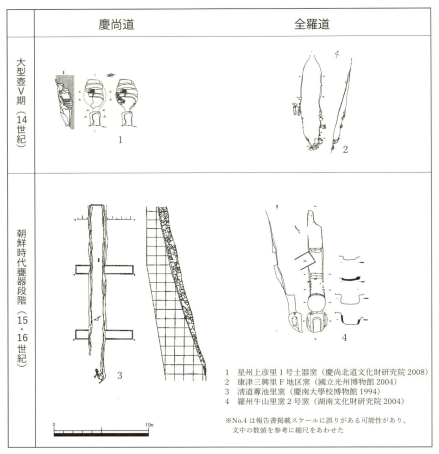

図 3-13　高麗陶器Ⅴ期と朝鮮時代甕器（15・16世紀）の窯構造の比較（各報告書より一部改変・転載、1/400）

の粉青窯が隣接していることから同じ頃の年代が考えられている。

　この二つの窯と高麗陶器Ⅴ期に該当する窯を比較してみる。当地域におけるⅤ期にあたる高麗陶器窯は、星州上彦里1号土器窯と康津三興里F-1号窯である。これらの窯の実測図を同じ縮尺で掲載すると図3-13のようになる。

　まず、規模についてである。慶尚道では、高麗陶器窯と朝鮮時代甕器では明

らかに異なる。焼成室長でみると、星州上彦里1号土器窯が510cmであることに対して、清道蕃池里窯跡が残存長だけでも1800cmを測り、差が大きい。清道蕃池里窯跡について、推定されている年代が先述したように15世紀後半から16世紀とやや幅があり、両者に時期的に差がある可能性も考えられるが、それを加味しても規模の差が顕著である。全羅道では、康津三興里F-1号窯の焼成室長が890cmに対し、羅州牛山里2号窯の焼成室長860cmと、慶尚道に比べると差がなく、近い値を示している。

次に、窯構造である。これについては、慶尚道・全羅道地域ともに、高麗陶器窯と朝鮮時代甕器窯では明らかに異なる構造を示している。15・16世紀代の朝鮮時代甕器段階の窯は、無段単室傾斜窯である。窯の基本構造については、粉青沙器窯と類似するものとすでに指摘されている（片山2005）。

康津三興里F-1号窯も高麗陶器窯のなかでは、平面プランが細長い形状を示し、一見、朝鮮時代甕器窯のような無段単室傾斜窯のようにもみえる。しかし、平面形態は、燃焼部と煙道部付近が窄まっており、無段単室傾斜窯とはいえず、やはり、高麗陶器窯構造の系譜上に位置づけることができる。これに対して、朝鮮時代甕器窯である無段単室傾斜窯は、燃焼部も含み、窯床の幅が均一であり、磁器窯に近い構造をなしているということができよう。

よって、窯構造からみると、高麗陶器窯と朝鮮時代甕器では、窯構造において、大きな差がみられる。現在のところ規模や構造からみて、朝鮮時代甕器窯は、高麗陶器窯が発展したとは考えにくく、高麗陶器窯の系譜上に位置づけるよりは、片山が指摘するように粉青沙器窯の影響を考えた方が理解しやすいと考える。

以上のような様相をふまえ、高麗陶器窯の時間的変遷、つまりは、高麗陶器の終焉を窯構造から位置づけるならば、平面形態上、窯下方と上方が窄まる、統一新羅時代から続くいわゆる楕円形状の窯が消滅した段階といえよう。消滅にあたっては、粉青沙器窯の影響を受けたと考えられる床幅が均一である無段単室傾斜窯が登場し、しだいに朝鮮時代甕器窯として成立していくものと推察される。すなわち、高麗陶器窯を生産した平面楕円形状の窯が徐々に消滅し、

朝鮮時代甕器を生産する無段単室傾斜窯が普及する段階を、窯構造からみた高麗陶器の終焉ということができよう。このような高麗陶器窯から朝鮮時代窯へ移行していく時期としては、現在のところ、全羅南道・羅州牛山里2号窯を根拠に、15世紀前半と考えておきたい。この時期は、第2章第3節で説明したように、大型壺においても高麗陶器の様相がまだ残存し、朝鮮時代甕器の特徴の一つであるT字口縁のものが混在している頃である。よって、窯においても、高麗陶器窯と朝鮮時代甕器窯が混在している可能性は高いと考えられる。

15世紀とされる朝鮮時代甕器窯跡の資料数が今のところ少ない。正確な年代把握のために、朝鮮時代甕器の編年を構築し、窯跡の年代も含め、再検討していく必要がある。

第4節　特定器種の生産に特化した窯の出現

窯跡資料のなかには、特定の器種に特化した生産をおこなったことをうかがわせるような窯も確認できる。窯跡資料は、生産後、製品として出荷されず、廃棄されたもののみが残るという特徴をもつ。そのため、窯跡資料からその窯で生産された器種を網羅的に特定することは容易ではない。このような窯跡出土資料としての特性をふまえた上でも、他の器種よりも「鉢a」が大半を占める窯跡がある。驪州煙羅里窯跡である。

驪州煙羅里窯跡では、計4基の陶器窯が群集する状態で検出されている。しかし、どの窯も残存状況がよくなく、構造を知ることは難しい（図3-14）。このうち、驪州煙羅里第2-1号窯からの出土報告資料をみると、その大半が鉢a類である（図3-15）。第2-1号窯から出土したと報告された資料のうち、口縁部形態から器種を特定した結果、鉢a類36点に対して、他の器種は壺1点、鉢c類1点が認められるのみである。廃棄された製品のみが残存するといった窯跡出土資料の特性をふまえた上でも、鉢a類の生産に特化していた可能性が高いといえる。数量では第2-1号窯より劣るものの、第2-3号窯でも鉢a類の

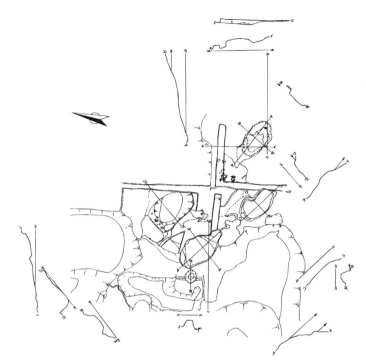

図 3-14 驪州煙羅里窯第 2-1〜4 号窯　実測図（東國大學校 2006 より一部改変・転載、縮尺は任意）

出土量が多いといった同様の傾向がうかがえる。

　では、驪州煙羅里第 2-1 号窯の時期は、いつ頃と推定できるだろうか。第 2-1 号窯からは大型壺が出土しておらず、その編年を用いた時期の特定はできない。窯構造も残存しておらず、窯型式からみた時期の推定も難しい。唯一、器種構成から推定することができる。図 3-15 の下段にも掲載しているとおり、窯 2-1 号窯からは「鉢 c」が出土している。第 2 章 5 節で上述したように、鉢 c は、Ⅲ〜Ⅳ期に存在する器種である。今のところ、鉢 c の時間的変遷に伴う型式変化が確認できないこともあり、Ⅲ〜Ⅳ期のいずれの時期なのか特定できない。

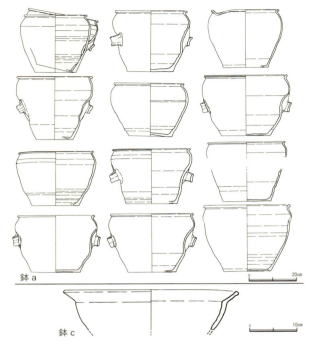

図 3-15　驪州煙羅里窯第 2-1 号窯出土鉢 a・鉢 c（東國大學校 2006 より一部改変・転載、鉢 a：1/12、鉢 c：1/6）

　そこで、考古地磁気測定による年代を参考にしたい。驪州煙羅里第 2-1 号窯の考古地磁気測定の結果について、報告書では「A.D1190 ± 20 年、またはA.D700＋25 年、A.D700-50 年」とされている（東國大學校 2006）。遺物からみると、明らかに高麗陶器の類であり、後者よりも前者の年代が適当であると考える。よって、驪州煙羅里は、12 世紀頃にあたるⅢ期にあたる可能性が高いと考えたい。
　このほか、器種に特化した生産をしたと考えられる窯として、驪州煙羅里までは顕著な出土状況を示す訳ではないが、その傾向を示している可能性がある窯として、龍仁魚肥里Ⅰ-3-1 号窯を挙げることができる。出土資料の残存状況が全体的によくはないが、口縁部形態や胴部形態などからみて、器種を判断

第 3 章　高麗陶器の生産　135

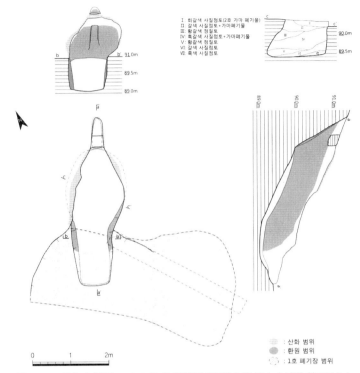

図 3-16　龍仁魚肥里Ⅰ-3-1号窯実測図（慶熙大學校中央博物館 2013 より一部改変・転載、1/100）

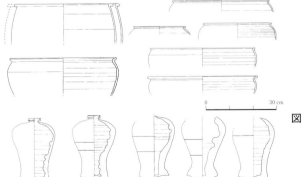

図 3-17　龍仁魚肥里Ⅰ-3-1号窯出土鉢 a・梅瓶（東國大學校 2006 より一部改変・転載、1/16）

するならば、梅瓶、瓶類、鉢a、甕、壺類、甑などがみられ、多くの器種が確認できる。相対的にみると、驪州煙羅里第2-1号窯と同様に、鉢aが多く確認されている。加えて、この窯では梅瓶も比較的多いことも特徴である（図3-17）。

　大型壺の出土がないが、窯構造の型式から時期が推定できる。窯構造は、窯後方部の残存状況がわるく、排煙関連施設が確認できないが、煙道部の傾斜形態をみると窯構造d型式に該当すると考えられる（図3-16）。この型式はⅢ～Ⅴ期にみられるものである。さらに器種構成からみると「甕」の出土が確認でき、やはりⅢ～Ⅴ期の時期を推定することができる。

　そこで、もう少し時期を絞るため、龍仁魚肥里Ⅰ-3-1号窯に関して、放射性炭素年代の測定結果を参考にする。報告書では、放射性炭素年代（B.P.）として「920±40」、補正年代として「A.D.1110」の値が示されている（慶熙大學校中央博物館2013）。この放射性炭素年代の測定値に加え、上述した、窯構造d型式、甕の存在をもとに推定すると、龍仁魚肥里Ⅰ-3-1号窯の時期も、12世紀頃にあたるⅢ期と考えたい。

　上記の2例をもって、高麗陶器生産において、特定器種の生産に特化、つまり、生産器種が集約される時期は、「Ⅲ期」である可能性が高いといえる。すなわち、Ⅲ期は、窯構造を変化させるとともに、特定の器種に集約させるといった、生産の合理性を高めた様相がうかがえる。その一方で、新たな器種も生産する窯もみられ、需要に応えるという面で、やはり、生産において大きな画期があったものと考えられる。

　ただし、2例のみと少ないため、今後の資料蓄積が待たれる。また、偶然にも、先に挙げた2例が楊広道地域であり、地域性の有無なども検討していく必要がある。

第5節　小　結

　本章における分析結果を整理すると、以下のとおりである。
①窯構造の時間的変遷をみると、Ⅲ期にあたる12世紀において、窯後方部に新たな空間を設ける「排煙関連施設」の出現が新たに認められることを明らかにした。これは、楊広道、慶尚道・全羅道でもみられ、高麗時代の全地域での変化であると考えられ、生産面における画期である可能性を指摘した。
②地域性を把握するため、楊広道と慶尚道・全羅道と大きく二つの地域にわけて、分析した結果、両地域ともに、先行研究でいわれているような小型・中型・大型には区分できないこと、窯の規模はⅠ期のものを除き窯全長500m以上で、最大幅150～300cm以内におさまり、時間的変遷に伴う変化がみられないことを明らかにした。
③窯前方部に付設される「排水溝」について、楊広道地域ではⅢ期までみられるのに対して、慶尚道ではⅣ期まで一部残ることから、その消長に地域性がある可能性を指摘した。
④全羅道地域では、楊広道・慶尚道地域ではみられない、排水溝を石で加工した「暗渠状排水溝」の存在が確認できる。これは、韓半島南部においては、全羅道地域特有の構造である可能性を示した。
⑤高麗陶器窯は平面が楕円形状であることに対して、朝鮮時代甕器窯は無段単室傾斜窯であることから、両者の窯構造に大きな差があることを明らかにした。
⑥高麗陶器窯のなかから、特定の器種のみを生産する窯を確認した。これらの窯の出現時期については、器種構成や、放射性炭素年代測定法の結果をもとに、Ⅲ期である可能性を示した。
　本章では高麗陶器の生産について、窯構造の時間的変遷を中心に分析をし、その様相について明らかにした。次章では、消費について取り上げることとす

る。生産された高麗陶器がいかに消費されたかについて、編年が可能である大型壺を対象として、出土状況を把握し、文献資料も援用しながら、用途の推定も含め、検討する。

第 4 章　高麗陶器大型壺の消費とその用途

第 1 節　本章の課題

　これまでの消費や用途に関する研究により、高麗陶器の主用途が貯蔵であったことが明らかにされている。貯蔵される内容物としては、『高麗図経』や共伴した木簡・竹簡、さらには内容物の検討により、水や酒、醬、塩辛などが指摘されている（鄭明鎬 1986、金建洙 2011、김하나 2018）。貯蔵以外の用途として、地鎮・鎮壇具（金成泰 2005）、羅末麗初の時期における大型壺に限っては便所や井戸への転用例も把握されている（宋閏貞 2007）。また、泰安馬島 1・2 号船出土の陶器をみると、容量に数種類の規格性があることから、工人が量制を意識して製作した可能性も示されている（韓惠先 2012b）。
　しかし、高麗陶器の消費や用途に関するに研究において、次のようなことを問題点として挙げることができる。1 点目は、高麗陶器の消費や用途などについて、おもに「貯蔵」という認識が定着していることもあり、他の様相の可能性を検討することが少ないことである。実際に、高麗陶器のおもな用途は、貯蔵・運搬であると考えるが、事例は少ないものの、他の類例もわずかながらにみられることから、通時的に整理する必要がある。2 点目は、高麗時代における時間的変遷に伴う検討がほとんどなされていないことである。この背景には時間的変遷に伴う背景には、編年が確立しておらず、高麗陶器単体での出土から時期を特定できないことも要因の一つとしてあるだろう。
　以上のような問題意識のもと、本節では、韓半島南部において、一律的な変

化をみせ、かつ、時期の把握が可能である「大型壺」の完形資料を対象にする。このことにより、大型壺の時間的変遷を把握しながら、規格性の有無もふまえつつ、高麗陶器の消費とそこからみえる用途について考古学的に検討する。

第2節　大型壺の消費に関する検討

1．資料と方法

（1）資　料

　韓半島全域における高麗時代消費遺跡64遺跡から出土した高麗陶器大型壺完形資料76点を対象とする（図4-1・表4-1）。資料の把握においては、最近、韓国國立海洋文化財研究所のホームページに公開された「高麗陶器データベース（https://www.seamuse.go.kr/resources/goryeo/pottery）」も参考・活用して、可能な限り収集に努めた。なお、今回は、消費様相の解明を目的としているため、窯内で出土するような生産に関係する資料は除くこととした。

　大型壺の基準は、第2章での分析結果をふまえ、口径20cm以上のものにした。高麗陶器大型壺を対象資料として取り上げる理由は、多種多様な器種をもつなかで、ある程度の編年ができ、時期の把握が可能なためである。また、完形資料を対象とする理由は、時期や出土位置を把握でき、かつ、法量の検討にも適用できるため、大型壺の消費に関する傾向を知ることができると考えたためである。

（2）分析方法

　以下の手順でおこなう。
①第2章で提示した編年をもとに、大型壺完形資料を対象として、サイズや容量に時間の変遷に伴う変化がないかを検討する。
②大型壺の出土した遺構の性格や出土状況などを把握する。

第4章　高麗陶器大型壺の消費とその用途　141

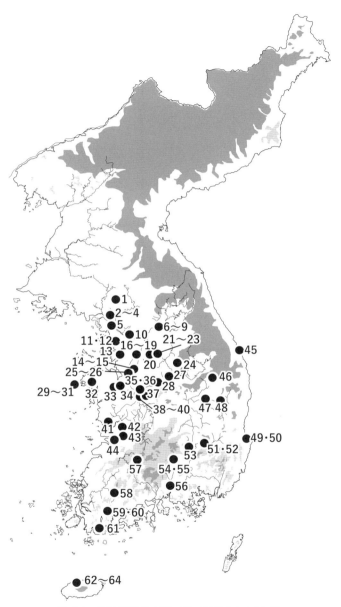

図 4-1　対象遺跡分布図（No. は表 4-1 と対応）

表 4-1　対象遺跡一覧

No.	遺跡名	出典
1	抱川永松里	漢陽大學校博物館 1995
2	坡州東牌里	高麗文化財研究院 2009
3	坡州雲井新都市	中央文化財研究院 2011b
4	坡州惠陰院址	壇國大學校博物館 2006
5	金浦馬松Ⅲ	畿湖文化財研究院 2010
6	春川牛頭洞707-1、35番地	江原文化財研究所 2006
7	春川泉田里（B地區）	江原文化財研究所 2010
8	春川昭陽道Ⅱ	예맥文化財研究院 2020
9	春川返還米軍基地敷地内	國立中原文化財研究所 2010
10	景福宮御道址	國立文化財研究所 2011
11	仁川元堂洞Ⅰ	中央文化財研究院 2019a
12	仁川壽山里	서경文化財研究院 2015
13	始興長峴Ⅲ	겨레문화유산연구원 2018
14	安城萬井里선기	京畿文化財院 2009
15	安城梅山里高麗古墳群	京畿道博物館 2006
16	龍仁麻北里寺址	韓神大學校博物館 2003
17	龍仁德成里	中央文化財研究院 2019b
18	龍仁農書里	畿湖文化財研究院 2009
19	龍仁寶亭里靑瓷窯址	畿甸文化研究院 2006
20	利川松界里	高麗文化財研究院 2010
21	驪州安金里	中央文化財研究院 2007
22	驪州元香寺	畿甸文化研究院 2003
23	（驪州）高達寺Ⅲ	京畿文化財研究院 2014
24	原州月松里	中部考古學研究所 2012
25	平澤細橋洞	한성문화재연구원 2021
26	平澤古念里	中部考古學研究所 2016
27	忠州渭林里	中原文化財研究院 2013
28	陰城梧仙里	中央文化財研究院 2018
29	泰安馬島1号船	國立海洋文化財研究所 2010
30	泰安馬島2号船	國立海洋文化財研究所 2011
31	泰安馬島4号船	國立海洋文化財研究所 2016
32	瑞山禮川洞	忠清南道歷史文化財研究院 2008

No.	遺跡名	出典
33	天安佛堂洞	忠清南道歷史文化院 2004
34	牙山대추리	忠清文化財研究院 2009
35	燕岐葛雲里Ⅰ	中央文化財研究院 2011c
36	燕岐葛雲里Ⅲ	中央文化財研究院 2011d
37	淸道陽院里	嶺南文化財研究院 2011
38	大田元新興洞	百濟文化財研究院 2011a
39	大田道安洞	中央文化財研究院 2011b
40	大田上垈洞(중동골·양촌)	百濟文化財研究院 2011b
41	舒川道三里	高麗大考古環境研究所 2005
42	彌勒寺Ⅰ	文化財管理局文化財研究所 1989
43	全州孝子洞	東亞細亞文化財研究院 2018
44	金堤長華洞	全北文化財研究院 2011
45	三陟興田里寺址Ⅲ	佛教文化財研究所 2019
46	奉化昌坪里山2-1	大東文化財研究院 2014
47	安東道津里	聖林文化財研究院 2019
48	靑松眞安里	大慶文化財研究院 2008
49	浦項南里古墳	世宗文化財研究院 2019
50	浦項法光寺址	慶尚北道文化財研究院 2019
51	大邱屯山洞	畿湖文化財研究院 2020
52	大邱新西革新都市B-1 3北區	慶尚北道文化財研究院 2011
53	高靈快賓里（試掘）	慶尚北道文化財研究院 2007
54	居昌壬佛里天德寺	釜山女子大學校博物館 1987
55	居昌士屛里馬上里	畿湖文化財研究院 2019
56	晋州鼎村高麗・朝鮮集落址	三江文化財研究院 2012
57	淳昌院村・官坪	湖南文化財研究院 2005
58	和順龍江里	東北亞支石墓研究所 2011
59	長興上芳邑A-Ⅱ	木浦大學校博物館 2008
60	長興上芳邑B	湖南文化財研究院 2006
61	將島淸海鎭	國立文化財研究所 2001
62	濟州市一徒一洞1300-26番地	濟州考古學研究所 2021
63	濟州缸坡頭里城內城Ⅱ	濟州考古學研究所 2019
64	濟州缸坡頭里城內城Ⅲ	濟州考古學研究所 2020

③編年を用いて、時期ごとに出土状況などに変化がないかを検討する。
④出土状況の背景について、消費や用途の面から考察する。

2. 完形資料からみる大型壺の規格性に関する検討

　時期によって、法量の変化が生じているかについて検討する。
　まず、大型壺の口径、底径、最大胴径、器高に関する計測値を把握する。大型壺の場合、最大径は胴部の中位から肩部にかけて位置するため、「最大胴径」と表現する。計測値は、基本的には、報告書に記載されている値を採用する。しかし、計測値が報告書に掲載されてない場合や報告書掲載の計測値が明らかに異なるものなどは、実測図をもとに再計測をおこなった。次に、これらの計測値をもとに、口径と器高、最大胴径と器高、底径と器高の関係をⅠ～Ⅴ期ごとに検討したものが、それぞれ図4-2～4-4となる。
　対象資料のなかで、群を抜いてかなり大型のものを確認できる。金浦馬松遺跡5号竪穴出土大型壺である（図4-5）。Ⅰ期に該当し、口径46 cm、最大胴径98 cm、器高111 cmと超大型で例外的ともいってよい。そのため、以下において、本資料を除いて各内容について検討することとする。
　大型壺の計測値に関する分布域は、おおよそ、口径20～45 cm、最大胴径43～86 cm、底径18～35 cm、器高44～89 cmの範囲におさまる。最大胴径と器高の関係（図4-3）をみると、器高55 cm・最大胴径55 cm付近を境として、それ以上とそれ以下の大きく2群に分かれるようにもみえる。ただし、口径と器高、底径と器高の関係からは明確な区分はみられず、規格性の有無を断定できない状況である。さらに、それ以上のものは、全体として数値の分布域も大きく、一定の数値があつまるような小群などもみられないことから、やはり、規格性が存在することは考えにくい。
　時間的変遷に伴う大型壺の法量に関する特徴をみてみる。Ⅰ期からⅤ期へと新しい時期になるにつれて、遷移的な変化は確認できない。口径・最大胴径・底径と器高の各関係からみても、Ⅰ期からⅣ期のものは、比較的広い範囲で、

第4章 高麗陶器大型壺の消費とその用途 145

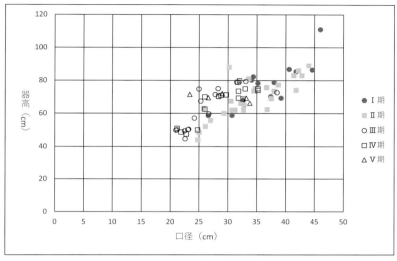

図 4-2 大型壺 口径×器高の関係

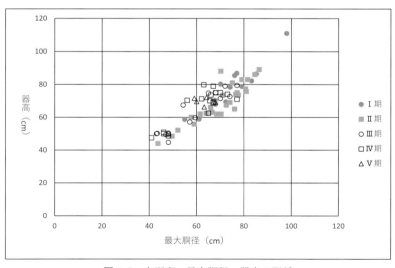

図 4-3 大型壺 最大胴径×器高の関係

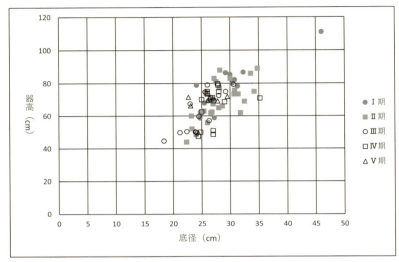

図 4-4　大型壺　底径×器高の関係

不規則に分布していることがわかる。各時期の特徴について、Ⅰ期のものは、他の時期に比べるとやや大きいものが多い。Ⅱ期のものは、Ⅰ期と同様に、口径・最大胴径ともに分布幅が大きい。Ⅲ期以降になると変化がみられるようになる。口径と器高の関係からみると、Ⅲ期以降のものは、口径40cm×器高80cm以下におさまるようになる。このことは、Ⅲ期を起点として、Ⅰ・Ⅱ期のものに比べ、小型化する傾向がうかがえる。Ⅳ期はⅢ期と同じような分布域をもつ。Ⅴ期のものは、最大胴径×器高でみると、最大胴径59〜68cm、器高66〜72cmの範囲にすべてがおさまっており、一定程度のまとまりがみられ、この時期に限り容量に一定程度の規格性があった可能性も考えられる。ただし、Ⅴ期の資料は、78点中5点と資料が少ないため、今回はその可能性を示唆するまでに留めざるをえない。

　いずれにしろ、Ⅴ期を除くⅠ〜Ⅳ期にかけては、口径、最大胴径、器高において、数値が広く分布することから、高麗陶器大型壺全体でみた場合、量制のような強い規制が働いていたとは考えにくく、規格性があったとはいえないと

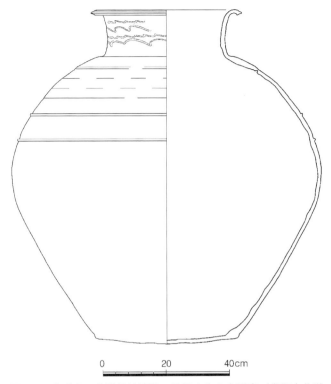

図 4-5 大型壺　金浦馬松遺跡 5 号竪穴出土大型壺（畿湖文化財研究院 2010a より転載、1/12）

考える。ただし、全時期でみるとⅤ期のように、一部のものには量制をもつ可能性があることも否定できず、今後、容量をふまえた検討が必要である。

3. 出土状況と文献記録からみる大型壺の消費様相

(1) 出土遺構の分類

　大型壺完形資料が出土した消費遺跡を性格別にみると、寺院跡、住居・建物跡、墳墓、沈没船、城郭などが挙げられる。大型壺が出土した遺構について

は、他の遺構との位置関係や配置関係などをふまえると、現在のところ以下のように分類できる（図4-6・7）。なお、これらの平面図上において、該当する大型壺の位置には「○」を付け加えて、表示している。

　　竪穴：竪穴から出土したもの。近くに住居跡や建物跡の遺構がなく、単独
　　　　　で配置されているもの。
　　竪穴群：当該遺構を含め2基以上の群集した竪穴のなかから出土したも
　　　　　の。
　　住居・建物内：住居跡や建物跡の遺構の内部において位置がわかる状態で
　　　　　出土したもの。
　　住居・建物外：住居跡や建物跡の遺構の外部において位置がわかる状態で
　　　　　出土したもの。
　　船内：沈没船から出土したもの。
　　基壇：建物跡の基壇内より出土したもの。
　　埋納：大型壺のなかに複数の遺物が入れ込まれた状態で出土したもの。
　　墓：大型壺のなかに骨が入れられた状態で出土したもの。もしくは、甕棺
　　　　　墓として報告されているもの。
　　その他：上記の分類に該当しないもの。
　　不明：報告書に詳細な記載がなく、出土位置が不明なもの。

　報告書で「竪穴」と報告されている場合でも、図面や図版を確認した結果、住居跡や建物跡の内部に設けられた竪穴の場合は、「住居・建物内」に分類した。また、燕岐葛雲里Ⅲ遺跡53-1地点卟區域5号建物跡では、「基壇付近」出土と報告されている（中央文化財研究院 2011d）。この場合、地鎮・鎮壇の可能性もあるが、詳細な出土状況が不明なため、住居・建物内にした。「その他」として、石列や瓦窯内などから大型壺完形資料が出土した例が確認された。これらは、表4-2において、「その他」の跡に（　）で出土遺構を記載した。

（2）出土状況の分類

　大型壺がどのような状態で出土したかをもとに把握する。対象資料すべての

第 4 章　高麗陶器大型壺の消費とその用途　149

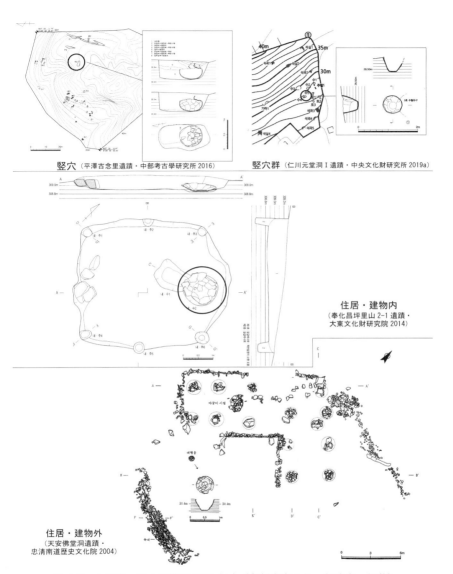

図 4-6　大型壺　出土遺構の分類（1）（各報告書より一部改変・転載）

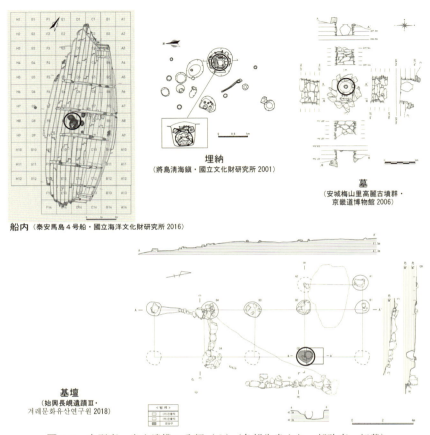

図 4-7　大型壺　出土遺構の分類（２）（各報告書より一部改変・転載）

出土した際の状況を把握することはできない。報告書によっては、出土位置や出土状況が記載されていないものも少なくないためである。報告された出土状況をもとにしながら、記載がない場合でも、掲載された写真などをもとに検討した。

　大型壺の出土状況を分類すると次のとおりである。

　　全埋納：大型壺全体が地中に埋まった状態で出土したもの。

頸部以下：頸部以下が埋まった状態で出土したもの。
中位以下：体部中位以下が埋まった状態で出土したもの。
床面：床面に置かれた状態で出土したもの。
破片：破片で出土したもの。
水中：水中で出土したもの。

なお、「破片」は、破片資料で検出されたもので、その後完形資料に復元できるものである。そのため使用時を考えた場合は、全埋納、頸部以下、中位以下に含まれる可能性も考えられる。

（3）『高麗図経』からみる用途

　『高麗図経』の内容を参考にして、そこにあらわれる高麗陶器の用途について整理しておく。『高麗図経』から高麗陶器の用途を把握しようとする方法は先行研究においてもしばしばみられる（鄭明鎬1986、韓惠先2009など）。『高麗図経』とは、宣和5（1123）年に、徐兢が宋の使臣として高麗へ赴き、開京（開城）で約1カ月滞在し、その間に見聞したものを帰国後に著述したものであり、ところどころに「陶器」に関する記事を確認できる。ここでは、鄭明鎬の研究成果（鄭明鎬1986）を参考にし、『高麗図経』から高麗陶器関連記事を抜粋すると次のとおりである。「　」内に記事の原文を、その下に訳文を記した。なお訳文は、徐兢著・朴尚得訳1995から引用した。

　①巻二十三　雑俗（風俗）二　施水
「王城長廊毎十間　長帟幕設佛像　置大甕貯白米漿　復有盃杓之屬恣往來之人飲之無間貴賤　而以僧徒主其事」
　王城の長廊では、十間（18 m）ごとに帳や幕を張り、仏像を設けている。大甕を置き、白米を貯えている。飲み物には、盃、柄杓が付いている。往来する人が恣（ほしいまま）にそれを飲む。貴賤は問わない。僧徒はそれを掌らせている。

　②巻二十三　雑俗（風俗）二　土産
「其果實　栗大如桃　甘美可愛　舊記謂　夏月亦有之　嘗門其故　乃盛以

陶器埋土中經歲不損　六月亦有含桃　味酸酢如酢」

　ここの果実のことである。栗の大きいのはまるで桃のようである。甘美で好ましい。『旧記』で言っている。「夏にも栗がある」と。一度そのわけを尋ねてみた。すると、陶器に盛って土の中に埋めるから歳を越しても損なわれないと言う。六月にも桃を食することができる。味は酸っぱく、酢酸のようである。

③巻三十二　器皿十三　瓦尊

「王之所飲曰　良醞左庫清法酒　亦有二品　貯以瓦尊…」

　王が飲む酒は、「良醞左庫清法酒」と言う。この酒にも二品種ある。貯えるのは瓦の酒樽である。

④巻三十二　器皿十三　藤尊

「藤尊乃山島州郡所饋也　中亦瓦尊　外以藤周纏之　舟中嵥屼相撃不損　上有封緘　各以州郡印文記之」

　藤の酒樽は山島州郡が贈ったものである。中には瓦の酒樽がある。外周は藤で纏っている。船の中で激しく打ち合っても損なわれない。上には封緘がある。それぞれ州郡の印文で記してある。

⑤巻三十二　器皿十三　水甕

「水甕陶器也　廣腹斂頸　其口差敞　高六尺　濶四尺五寸　容三石二升　館中用銅甕惟山島海道　以舟載水相遺則用之」

　水甕は陶器である。胴が広く、頸は引き締まっている。その口差しは高くて広い。高さ六尺（184 cm）、広さ四尺五寸（138 m）で、三石二升（20300 ml）容れられる。客館の中では銅甕を用いる。ただ、山島海道では、船に乗せて留め遺して置くのに用いる。

⑥巻三十三　供水

「海水味劇醎苦不可口　凡舟船将過洋　必設水櫃　廣蓄甘泉　以備食飲　蓋洋中不甚憂風　而以水之有無為生死耳　華人自西絶洋而來　既已累日麗人料　其甘泉必盡　故以大甕載水　皷船來迎　各以茶米酬之」

　海水の味はとても塩辛く、口にできない。およそ船がまさに海洋に船出

しようとすると必ず水槽を設ける。甘水を多く蓄えて飲食に備える。けだし海洋の中で、さほど風のことを心配しないで水の有無を生死に関わると大事としているようである。中国人は西から海洋を渡って来る。すでに日を重ねた。高麗人はその甘水がきっと尽きたものと考える。それで大甕に水を乗せ、舟を漕いで迎えに来る。各々茶や米でそれに酬いる。

　『高麗図経』の内容から高麗陶器の用途をまとめると、主として酒、水、果実などの貯蔵であったことがわかる。特に①と②の記述については、陶器のなかでも大きさを強調していることから、大型壺に対応する可能性がある。さらに、高麗陶器の使用方法や設置場所なども垣間みることができる。記事の内容より、床面に設置、地中に埋蔵、船上での使用などに想定することができ、先述した出土遺構・出土状況の分類に対応できそうである。ただし、遺跡から出土する高麗陶器の大型壺内部から残存物が発見されることは、現在のところほとんどなく、何を貯蔵していたかを考古学的検討から断定することが難しい。そのため、これらの記事の内容に関する明確な立証は、今のところ、困難であるといわざるをえない。貯蔵物も含め、消費や用途に関して、今後、遺跡の性格別に出土位置や出土状況などをより詳細に検討していくことで、大型壺以外の器種も対象として、『高麗図経』の内容とのさらなる比較検討をしていく必要がある。

第3節　大型壺の消費様相

1．出土遺構と出土状況の検討からみる大型壺の消費様相

　分類した大型壺の出土遺構や出土状況、大型壺編年の時期、推定用途などを整理したものが表4-2となる。出土遺構の分類、出土状況、推定用途の各項目において、不明なものは表内で「－」と表記している。出土遺構と出土状況の各々の傾向と両者の関係について検討しながら、そこから推定される用途や消

表 4-2　時期別大型壺完形資料一覧

No.	遺跡名	出土遺構	型式	出土遺構の分類	出土状況	推定用途
1	居昌壬佛里天德寺	入口石列西便	I	その他（石列）	−	屋外貯蔵
2	居昌壬佛里天德寺	西建物址・西便塀の間	I	住居・建物外	−	屋外貯蔵
3	金浦馬松Ⅲ	5号竪穴	I	住居・建物外	頸部以下	屋外貯蔵
4	三陟興田里寺址Ⅲ	7号建物址	I	住居・建物内	−	屋内貯蔵
5	春川牛頭洞707-1,35番地	1号竪穴建物址	I	住居・建物内	−	屋内貯蔵
6	晋州鼎村高麗・朝鮮集落址	1号瓦窯	I	その他（瓦窯）	破片	転用
7	瑞山禮川洞	4号建物址	I	住居・建物内？	破片？	屋内貯蔵？
8	大田元新興洞	1号竪穴遺構	I	住居・建物内	破片	屋外貯蔵
9	平澤細橋洞	5号竪穴	I	埋納	破片	祭祀
10	平澤細橋洞	5号竪穴	I	埋納	破片	祭祀
11	將島清海鎭	埋納遺構	I	埋納	全埋納	祭祀
12	彌勒寺Ⅰ	講堂址北側・東西長建物	I	その他（石列）	−	地鎮・鎮壇？
13	清道陽院里	埋納遺構1号	I	竪穴	中位以下	祭祀？
14	春川泉田里（B地区）	210号竪穴	Ⅱ	竪穴群	中位以下	屋外貯蔵
15	安城萬井里선기	3地点1号住居址	Ⅱ	住居・建物内	−	屋内貯蔵
16	安城萬井里선기	3地点1号住居址	Ⅱ	住居・建物内	−	屋内貯蔵
17	浦項南里古墳	2号埋納遺構	Ⅱ	埋納	中位以下	祭祀
18	浦項法光寺址	Ⅱ區域南西側境界	Ⅱ	竪穴	−	屋外貯蔵
19	景福宮御道址	−	Ⅱ	基壇	−	地鎮・鎮壇
20	春川昭陽道Ⅱ	12号建物址	Ⅱ	基壇	−	地鎮・鎮壇
21	春川返還米軍基地敷地内	第3探索坑	Ⅱ	−	−	−
22	淳昌院村・官坪	第5建物址	Ⅱ	住居・建物内	中位以下	屋内貯蔵？
23	淳昌院村・官坪	第11建物址	Ⅱ	住居・建物内？	−	屋内貯蔵？
24	仁川元堂洞Ⅰ	4号竪穴遺構	Ⅱ	竪穴群	中位以下	屋外貯蔵
25	全州孝子洞	1号住居址	Ⅱ	住居・建物内	中位以下	屋内貯蔵

No.	遺跡名	出土遺構	型式	出土遺構の分類	出土状況	推定用途
26	大邱屯山洞	高麗時代建物址	II	住居・建物内	−	屋内貯蔵
27	大田道安洞	高麗時代建物址	II	住居・建物内	−	屋内貯蔵
28	大田道安洞	高麗時代建物址	II	住居・建物内	−	屋内貯蔵
29	大邱新西革新都市 B-13北區	55号	II	竪穴群	破片	屋外貯蔵
30	忠州渭林里	3号竪穴	II	竪穴	頸部以下	屋外貯蔵？
31	長興上芳邑B	13号積石	II	基壇？	−	地鎮・鎮壇？
32	長興上芳邑B	14号積石	II	基壇？	中位以下	地鎮・鎮壇？
33	長興上芳邑A-II	A-1・東便建物址	II	住居・建物内	中位以下	屋内貯蔵
34	長興上芳邑A-II	A-1・東便建物址	II	住居・建物内	中位以下	屋内貯蔵
35	龍仁麻北里寺址	1号遺構	II	住居・建物外	中位以下	屋外貯蔵
36	龍仁德成里	3号建物址	II	住居・建物外	中位以下	屋外貯蔵
37	和順龍江里	15号竪穴	II	竪穴群	頸部以下	屋外貯蔵
38	坡州東牌里	42地点11号竪穴	II	竪穴群	−	屋外貯蔵
39	濟州市一徒一洞 1300-26番地	3号竪穴遺構	II	埋納	−	祭祀
40	安城梅山里 高麗古墳群	9号墓	II or III	墓	床面	埋葬
41	舒川道三里	KO-005甕棺墓	III	墓？	−	埋葬
42	居昌士屏里馬上里	3号建物址	III	住居・建物内	破片	屋内貯蔵
43	高達寺III	가-1建物址（2次）V層	III	−	−	−
44	高達寺III	가-1建物址（1次）V-4層	III	住居・建物内	頸部以下	屋内貯蔵
45	高靈快賓里（試掘）	Tr58	III	−	−	−
46	仁川元堂洞I	12号竪穴	III	竪穴群	中位以下	屋外貯蔵
47	天安佛堂洞	1号建物址南東側	III	住居・建物外	中位以下	屋外貯蔵
48	奉化昌坪里山2-1	高麗時代第1号住居址	III	住居・建物内	床面	屋内貯蔵
49	利川松界里	竪穴C-46号	III	竪穴群	破片	屋外貯蔵
50	龍仁農書里	1号甕棺墓	III	墓	中位以下	埋葬

No.	遺跡名	出土遺構	型式	出土遺構の分類	出土状況	推定用途
51	龍仁寶亭里青瓷窯址	8号石列	Ⅲ	その他（石列）	−	屋外貯蔵
52	坡州雲井新都市	1号埋納遺構	Ⅲ	竪穴群	中位以下	屋外貯蔵？
53	驪州安金里	竪穴遺構	Ⅲ	竪穴群	中位以下	屋外貯蔵？
54	青松眞安里	1次建物址	Ⅲ	住居・建物内	−	屋内貯蔵
55	坡州惠陰院址	3-4号建物址	ⅢかⅣ	住居・建物内？	−	屋内貯蔵？
56	抱川永松里	建物遺構列（2）	Ⅳ	−	中位以下？	屋内貯蔵？
57	驪州元香寺	14号建物址	Ⅳ	−	−	−
58	燕岐葛雲里Ⅲ	53-1地点비區域5号建物址	Ⅳ	住居・建物内	−	屋内貯蔵？
59	牙山대추리	高麗時代4号建物址	Ⅳ	住居・建物内？	−	屋内貯蔵？
60	金堤長華洞	15号竪穴	Ⅳ	竪穴	中位以下	屋外貯蔵
61	原州月松里	Ⅰ地区A地点1号建物址	Ⅳ	住居・建物内	破片	屋外貯蔵？
62	始興長峴Ⅲ	4地点高麗時代2号建物가	Ⅳ	基壇	頸部以下	地鎮・鎮壇
63	仁川壽山里	1号竪穴遺構	Ⅳ	竪穴群	−	屋外貯蔵
64	泰安馬島1号船	−	Ⅳ	船内	水中	船上使用・交易品
65	泰安馬島2号船	−	Ⅳ	船内	水中	船上使用・交易品
66	泰安馬島2号船	−	Ⅳ	船内	水中	船上使用・交易品
67	大田上坐洞（중동골・양촌）	12号建物址	Ⅳ	基壇	−	地鎮・鎮壇
68	平澤古念里	1-2地点2号竪穴遺構	Ⅳ	竪穴	中位以下？	屋外貯蔵
69	平澤古念里	2号燒成遺構	Ⅳ	−	破片	−
70	濟州缸坡頭里城内城Ⅱ	7号建物址	Ⅳ	−	−	−
71	濟州缸坡頭里城内城Ⅲ	文化層	Ⅳ	−	−	−
72	安東道津里	2号竪穴	Ⅴ	埋納	中位以下	祭祀
73	燕岐葛雲里Ⅰ	53-2地点21号住居址	Ⅴ	住居・建物内	中位以下	屋内貯蔵
74	陰城梧仙里	2地点3号竪穴	Ⅴ	竪穴群	中位以下	−
75	泰安馬島4号船	D8-E8	Ⅴ	船内	水中	船上・交易品
76	泰安馬島4号船	B9	Ⅴ	船内	水中	船上・交易品

費様相についても考えてみたい。用途の推定にあたっては、『高麗図経』の内容も参考にした。

まず、出土遺構の分類について、数量で検討する。出土遺構の各分類を時期別に整理すると、表4-3のようになる。このなかで、「貯蔵」に使用されたと想定、もしくは推定できる遺構は、竪穴、竪穴群、住居・建物内、住居・建物外などである。Ⅳ期のNo.56抱川永松里遺跡出土大型壺について、出土遺構は「不明」としているが、出土状況より推定できる「貯蔵」としてカウントしている。その結果、「貯蔵」に推定されるものは全体76点中45点と過半数を越えている。このことは、大型壺の主用途がやはり、貯蔵であることを示唆しているといえよう。

さらに、出土状況の分類について検討する。出土遺構の際と同様に、時期別に整理すると表4-4のようになる。結果として、報告書から出土状況を把握することが難しく、不明なものが多い結果となった。しかし、出土状況がわかるものをみると、埋没している部位は別として、推定も含め埋まった状態で検出されることが多いことがわかる。このことは、大型壺を使用する際は、地中に埋めて使っていたことのあらわれといえる。一方で、奉化昌坪里山2-1遺跡高麗時代第1号住居跡では、住居内で大型壺を床に置いた状態で発見されており、床面に直接置いて使用されたものもあると考えられる（図4-6「住居・建物内」）。

次に、出土遺構と出土状況の関係から、大型壺の消費に関する一様相の検討を試みたい。

出土状況に着目すると「全埋納」、すなわち、大型壺がすべて埋まった状態で出土したものとして將島清海鎮遺跡埋納遺構が挙げられる（図4-7「埋納」）。竪穴状遺構のなかに、Ⅰ期の大型壺とともに、陶器4面扁瓶、鉄製鎌、鉄製盤、鉄製の錠前、青銅瓶などが埋納されており、『三國史記』巻32巻雑志1祭祀篠にある「清海鎮助音島で中祀を挙行した」という記事との関係性が指摘されている（國立文化財研究所2001）。このように大型壺全体を埋めた状態のものはほかにみられないものの、同遺構内に大型壺のほかに、他の器種の陶器や

表 4-3 時期別の大型壺出土遺構と推定用途

遺　構	竪穴	竪穴群	住居・建物内	住居・建物外	不明（No.46）
推定用途			貯蔵		
I	1		4	2	
II	2	5	10	2	
III		4	4	1	
IV	2	1	4		1
V		1	1		
計※遺構別	5	11	23	5	1
計※用途別			45		

遺　構	船内	基壇	埋納	墓	不明	その他
推定用途	船上使用・交易品	地鎮・鎮壇	祭祀	埋葬	−	−
I			3			3
II		4	2		1	
III				3	2	1
IV	3	2			4	
V	2		1			
計※遺構別	5	6	6	3	7	4
計※用途別	5	6	6	3	7	4

表 4-4 時期別の大型壺出土状況

遺　構	全埋納	頸部以下	中位以下	床面	水中	破片	不明
I	1	1	1			5	5
II		2	10			1	13
III		1	5	2		2	5
IV		1	3		3	2	8
V			3		2		
計	1	5	22	2	5	10	31

鉄製鎌、青磁などを一緒に埋納した事例が通時的に確認できる。Ⅰ期の平澤細橋洞遺跡5号竪穴遺構、Ⅱ期の濟州市一徒一洞1300-26番地遺跡3号竪穴遺構、Ⅴ期の安東道津里遺跡2号竪穴遺構などで確認でき、何かしらの祭祀の意味があったものと考えられる。このほか、Ⅱ期の浦項南里古墳2号埋納遺構では、統一新羅時代封土墳を掘り込んで大型壺が設置されている例があり、今回の分析では1例のみであり、特殊性が強い使用例の一つであると推察される。

頸部以下・中位以下が埋没した状態で出土したものの大部分は、竪穴、竪穴群、住居・建物内、住居建物外の遺構である。これらは、先述したように、大型壺の基本的使用方法として地中に大型壺を埋め、貯蔵に使われたことが想定できる。住居・建物跡で出土したものは、位置によって、屋外と屋内に設置していたことがわかる。今回の分析では、この両者の用途の違いまで言及することはできないが、野外の場合は雨水の貯蓄をしていた可能性も考えることができよう。竪穴・竪穴群の遺構の場合は、近くに住居跡や建物跡などがないものとしているが、これは発掘調査の範囲も影響している可能性が少なからずあり、近くに住居・建物があったことも想定できる。ただし、竪穴群のうち、忠州渭林里遺跡や坡州雲井新都市遺跡、驪州安金里遺跡などは、墳墓群のなかに形成されている。断定までには至らないものの、墓を管理する上で必要なものとして使用された可能性も否定できない。

床面に置かれた状態で検出されたものは2例確認できる。安城梅山里高麗古墳群9号墳や先述した奉化昌坪里山2-1遺跡などである。安城梅山里高麗古墳群9号墓では、大型壺が骨壺として利用されている。外寸・長さ160cm×幅153cmの石槨墓の西北側に大型壺が置かれ、その周辺から黒釉碗、白磁皿が出土している。大型壺の内部には、洗骨された人骨が埋納されていたと報告されている（京畿道博物館物館2006）。

破片資料での検出例も比較的多い。住居建物内、埋納、竪穴群、その他の遺構でみられる。正確な使用状況を復元することは難しいものの、同一地点、ならびに同一層から出土していることから、使用方法としては、床に立てて使っていたことが想定される。

次に、出土遺構に着目して、その特徴について整理する。

安城梅山里高麗古墳群9号墓のように、床面に立たせたような状態で出土したものではないが、墓（甕棺墓）として報告されているものとしては、舒川道三里遺跡 KO-005 甕棺墓や龍仁農書里1号甕棺墓などがある。理由は不明だが、龍仁農書里1号甕棺墓では、鉄製の蓋が二重になった状態で検出されており（畿湖文化財研究院 2009）、なんらかの意味があることも考えられる。この二つの墓では、いずれも、大型壺内部から人骨は出土していない。

基壇遺構から出土する場合、ほかの遺構よりもやや様相が異なる。地鎮・鎮壇の行為に伴ったものと考えられ、特殊な使用例としてとらえることができる。ここで地鎮と鎮壇の概念を整理しておきたい。金成泰は、本来ならば、地鎮と鎮壇とでは概念が異なり、区分する必要があるものの、両者を分けることができるような出土状況からの把握は難しいため、「地鎮具・地壇具」と併記して表現している（金成泰 2005）。本節においても、同様であり、両者を区分することができないため、金成泰の考えに倣い「地鎮・鎮壇」とした。

始興長峴遺跡Ⅲ-4地点高麗時代2号建物가の出土例について、報告者は、頸部を意図的に破壊したと指摘している（겨레문화유산연구원 2018）（図4-7 基壇）。このことからも、竪穴に大型壺を埋めて使用するといった通常の使用とは、異なる状況が確認できる。なお、大型壺中位以上を意図的に破壊し、内部にいれた事例として、淸道陽院里遺跡埋納1号遺構がある。出土遺構は竪穴であるが、始興長峴遺跡Ⅲ-4地点高麗時代2号建物가での出土状況を参考にし、推定用途としては「祭祀」であると考えられる。

沈没船、つまりは水中からの大型壺の出土例も確認できる。『高麗図経』にも船上での使用が記述されており、記事内容と対応する可能性が高い。航海にあたり必要になる水を大型壺に貯蔵していたと考えられる（韓惠先 2012b）。ただし、詳細は次章で述べるが、日本でも大型壺が出土しており、単に船上だけではなく、交易品の可能性も現状では完全に否定することができないことから、推定用途としては、「船上使用・交易品」としている。

最後に大型壺に付される「蓋」についても少し触れておく。蓋をした状態で

の出土が報告されているものとして、先述した龍仁農書里1号甕棺墓のほかに、彌勒寺Ⅰ講堂址北側・東西長建物（文化財管理局文化財研究所1989）や大田上垈洞（중동골・양촌）遺跡12号建物址（百済文化財研究院2011b）などが挙げられる。彌勒寺Ⅰと大田上垈洞（중동골・양촌）遺跡では、瓦を蓋として使用している。大型壺ではないが、泰安馬島2号船では、高麗陶器梅瓶に木製の蓋が付された状態で検出されており（國立海洋文化財研究所2011）、高麗陶器の蓋について、さまざまな素材のものが使用されていることがわかる。

2. 時間的変遷に伴う消費様相の変化

　高麗陶器の編年を軸とした時間的変遷に伴う消費や用途の変化について検討する。

　これまでの研究で指摘されているように、高麗陶器の主用途とされる「貯蔵」は、Ⅰ～Ⅴ期全時期にわたって確認できる。使用方法は、地中に胴部から下を埋めることが基本となる。貯蔵される場所は、屋内と屋外の両方でみられる。祭祀は、貯蔵に比べると相対的には少なく、散在的ではあるが全時期に確認できる。船上・交易品については、Ⅳ期以降からみられるようになる。現在のところ、大型壺が出土した沈没船がⅣ期のものしかなく、今後の発掘調査によって、それ以前の時期のものが出土する可能性もある。

　時間的変遷における変化として、位置づけることができる可能性をもつものは、「埋葬」としての用途である。埋葬の事例が相対的に少ないものの、これまでに発見されているものは、すべてⅢ期のものである。数が少ないため、推察の域を脱さないが、Ⅲ期以降に高麗陶器大型壺の用途が広がった可能性を示唆しているのではないだろうか。もし、そうであるならば、Ⅰ・Ⅱ期では、貯蔵、祭祀において、大型壺にモノを入れるという意味があった。Ⅲ期以降になると、容器にモノを入れるという行為に、新たに埋葬という用途が加わり、高麗陶器の使用が広がったととらえることができよう。ただし、埋葬という行為は、当時の社会背景や葬送儀礼などが大きく影響するものである。なぜ、埋葬

に高麗陶器を使用しなければならなかったかという理由を明らかにしないといけない。

第4節　時期別の分布からみる大型壺の消費様相と窯跡との関係

1. 時期別の分布からみる大型壺の消費様相

　本節では、これまでに分析してきた大型壺完形資料の消費について、時期別に整理し、分布に特徴があるかについて検討する。ただし、今回は完形資料のみを対象としているため、その傾向を把握するに留まる。今後、時期の把握が可能なほど残存状況がよい大型壺破片資料を追加していく必要がある。

　大型壺について、Ⅰ～Ⅴ期の時期ごとの分布状況を整理すると、図4-8のようになる。各時期の様相について整理すると以下のとおりである。

　Ⅰ期では、楊広道・慶尚道・全羅道地域のほぼ全域に分布している。Ⅰ期は、9世紀にあたり、統一新羅時代にあたる。統一新羅時代の遺跡は、当該期の大型壺が出土している東界にあたる三陟地域でも確認されている（朴成南2022）。そのため、東界で出土が認められることが、統一新羅時代における地域性を示唆している可能性が考えられる。

　Ⅱ期は、Ⅰ期と同様に、楊広道・慶尚道・全羅道地域全域に分布をみせる。また、現在の江原道・春川地域、高麗時代における交州道でも出土がある。Ⅰ期に比べると、楊広道・全羅道地域ではやや広がっているような様相にみえる。

　Ⅲ期は、Ⅱ期に比べると、現在のところ、全羅道地域では分布がみられなくなる一方、楊広道ではやや集中したような様相を示す。この時期になると、前述したように、墓や蔵骨といった「埋葬」に使用された大型壺が、楊広道のみで確認できる。また、Ⅰ・Ⅱ期と同じく、現在の江原道・原州地域、高麗時代における交州道においても出土が確認できる。

第 4 章 高麗陶器大型壺の消費とその用途　163

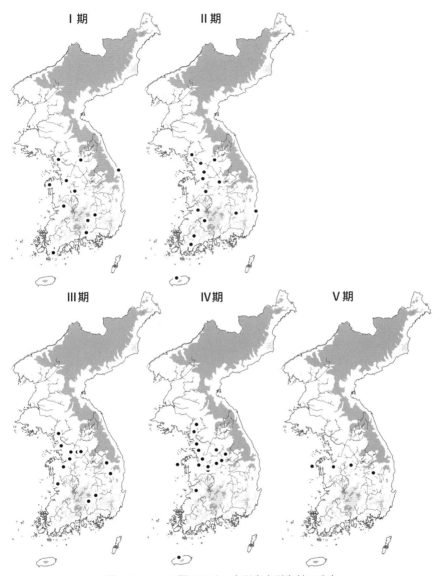

図 4-8　Ⅰ～Ⅴ期における大型壺完形資料の分布

Ⅳ期は、現状では慶尚道での分布が認められない。全羅道でもわずかである。一方で、この時期の分布の中心域は楊広道となる。

　Ⅴ期は、該当資料が少なく、実態は不確かであるものの、現状としては、楊広道と慶尚道にその分布が認められる。

　以上、Ⅰ～Ⅴ期の各時期における大型壺完形資料の分布を検討した。その結果、楊広道ではⅠ～Ⅴ期を通して、他地域に比べ安定的に分布があることがわかった。慶尚道地域は、Ⅲ期を除くⅠ・Ⅱ・Ⅳ・Ⅴ期に分布が確認できた。一方で全羅道地域は、Ⅲ期とⅤ期でみられず、Ⅰ・Ⅱ・Ⅳ期に出土が認められる。

　楊広道において、大型壺が通時的に安定して出土するということは、高麗の首都が他の二つの地域に比べると近いことが影響していることも考えられる。もし、そうであるならば、大型壺は、ある程度の国家の影響下を受けていたことも想定できる。すなわち、大型壺を使用するにあたり、国家による統制した配給や葬送儀礼などの規制が働いていた可能性を示唆しているのではないだろうか。埋葬に使用された大型壺が現在のところ、楊広道にしか認められていないことも、この仮説を後押しているように考えることができる。この課題については、今回扱うことができなかった破片資料もふまえながら、今後の検討を通して明らかにしていきたい。

2. 時期別の分布からみる窯跡と消費の関係

　本節では、前節の分析結果に加えて、第3章で検討した生産における窯跡の分布を検討することで生産と消費の様相とともに、流通に関する傾向を予察する。なお、第3章において先述したように、窯跡としてプロットしたものは、編年が適用できる残存状況のよい大型壺が出土したもののみである。

　大型壺完形資料と大型壺が出土した窯について、Ⅰ～Ⅴ期の各時期でまとめると、図4-9のようになる。各時期の生産に主体を置きながら整理すると以下のとおりである。Ⅰ期では、窯跡が楊広道と慶尚道で確認できる。一方で大型

壺完形資料は、楊広道・慶尚道・全羅道と全地域に分布している。大型壺の完形資料をみる限り、今後、全羅道において当該期の窯跡が発見される可能性があるものと考えられる。

Ⅱ期では、窯跡が楊広道と全羅道に分布しており、現状では慶尚道ではみられなくなる。大型壺完形資料は、Ⅰ期同様、全地域に認められる。大型壺完形資料の広がりから察するに、当該期の窯跡が韓半島南部においてもう少し発見されてもおかしくない。

Ⅲ期では、窯跡が楊広道と慶尚道にみられる。今のところ、当該期において全羅道では窯跡がない。大型壺完形資料も、窯跡の分布に連動するかのように、楊広道と慶尚道に分布している。もし、このような傾向が認められるのであれば、この時期において、全羅道地域では、高麗陶器の生産と消費において、前時期に比べて、衰退の傾向が見受けられるといえよう。

Ⅳ期では、窯跡が楊広道・慶尚道・全羅道の全地域で認められるようになる。一方で、大型壺完形資料は、分布の中心域が楊広道になる。当該期は、沈没船資料からみる限り、漕運が活発化した時期として想定でき、全羅道で生産された高麗陶器が楊広道や首都の開城まで運ばれたことも十分想定できる。

Ⅴ期は、窯跡も、大型壺完形資料と同様、資料が少ない。今のところ、窯跡は、楊広道と全羅道のみで確認でき、大型壺完形資料は、楊広道と慶尚道に分布している。

以上、Ⅰ～Ⅴ期の各時期における大型壺出土窯跡と大型壺完形資料の分布を検討した。結果、窯跡は楊広道地域でⅠ～Ⅴ期の全時期に、慶尚道地域はⅠ、Ⅲ・Ⅳ期に、全羅道地域はⅡ、Ⅳ・Ⅴ期に窯跡が確認できる。このような窯跡の分布は、現状で大型壺完形資料の分布と地域が一致しない時期がある。本書では、編年がわかる大型壺のみを扱っているため、このような様相が高麗陶器全体を示しているかはわからない。今後、他の器種をふまえつつ検討していく必要がある。

ただ、本検討を通して、一ついえることは、楊広道地域においては、大型壺完形資料と同様、通時的に窯が認められることである。開発に伴う調査数の多

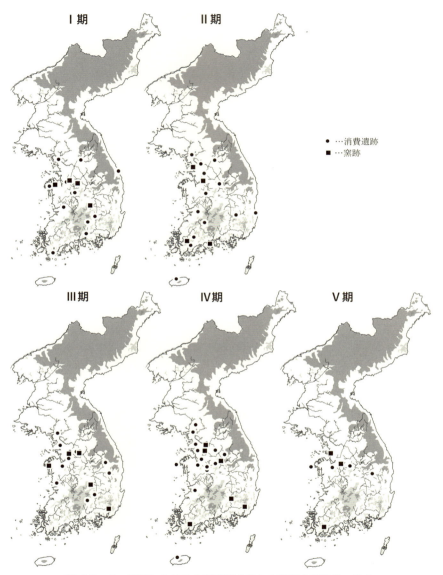

図 4-9　Ⅰ～Ⅴ期における大型壺出土窯と大型壺完形資料の分布

寡も多少影響しているとは考えられるものの、やはり、首都の開城が影響しているのであろう。

　流通に関して、現状では、よくわからないのが実状である。高麗時代の場合、漕運が発展した可能性があり、一概に生産地と消費地の分布からその様相を探ることは困難であると考える。

　この課題に対しては、考古学的分析においては、胎土や製作技術の特徴から検討しなければならない。詳細は、次章で検討するが、九州・琉球列島出土高麗陶器の場合は、胎土のなかに白い筋を含むものが多くみられるという特徴がある。また、大型壺の場合は、施文される波状文形態も多様であり、特徴的なものもみられる。このような特徴を消費遺跡出土高麗陶器から把握・整理し、窯跡出土資料と照らし合わせることで、流通の検討が可能になる。今後、解決しなければならない課題の一つとして挙げておく。

第5節　小　結

　本章における分析結果を整理すると、以下のとおりである。
① 大型壺は、Ⅰ期からⅣ期にかけてはさまざまな法量のものがみられる一方で、Ⅳ期になると一定程度のまとまりがみられることを明らかにした。このことから、少なくともⅠ〜Ⅳ期にかけての大型壺には、量制のような強い規格性はなかった可能性を指摘した。
② 大型壺は、Ⅰ・Ⅱ期のものに比べると、Ⅲ期以降のものは小型化する傾向にあることを示した。
③ 大型壺は、貯蔵だけではなく、祭祀や地鎮・鎮壇、埋葬、船上使用・交易品などにも使われていることを明らかにした。
④ 大型壺は、Ⅲ期以降になると貯蔵以外にも埋葬を中心に用途が拡大した様相が認められ、同時期に小型化することもあわせて、Ⅲ期が消費における画期として設定できる可能性を指摘した。

⑤大型壺の分布をみると、慶尚道・全羅道地域では時期によって出土が認められない場合もあるが、楊広道地域では、Ⅰ～Ⅴ期の全時期で確認できる。また、窯跡についても、大型壺の様相と同様であり、楊広道地域では全時期でその分布が認められる。

　本章では、高麗陶器の消費について、大型壺を対象に検討した。今後、消費については大型壺以外の器種の様相も把握していく必要があろう。しかし、消費の分析にあたっては、資料的な問題が存在する。大型壺以外の器種において、器形から時間的変遷を把握することが困難である。また、大型壺と共伴する器種を対象に分析することも想定できるが、高麗時代遺跡の場合、同一の層位や遺構からの一括資料の認定が難しい状況である。この課題を解決するためには、大型壺以外の器種の編年の構築、もしくは、高麗青磁編年の援用などが有効ではないかと考える。今後の大きな課題の一つである。

　大型壺の消費様相だけでは十分の検討とはいえず、さらなる検討が必要である。これまでに述べているように、共伴関係の把握が困難であるという資料的問題を鑑みると、韓半島南部の次に資料数が多いと考えられる日本について取り上げる必要があろう。

　次章では、日本出土の高麗陶器をもとに、消費の一様相を明らかにする。日本出土資料を対象にすることにより、共伴遺物から年代を把握することができる場合もある。また、高麗からみて国外にあたり、そこから出土する高麗陶器を把握することで、消費や流通の拡大としてとらえることができる可能性もある。

第5章　九州・琉球列島における高麗陶器の消費

第1節　課題、資料と方法

1. 課　題

　これまでの日本における高麗陶器の研究は、日本における消費の様相と、類似が指摘されている類須恵器（カムィヤキ）との大きく二つで研究が展開されてきた。
　現状の到達点としては、九州・琉球列島出土高麗陶器に関する分布や器種などが把握されている。一方、高麗陶器はカムィヤキと関係があることについて言及されている。九州・琉球列島出土の高麗陶器の分布は、北部九州が中心であり、琉球列島でもその出土が確認されている。器種は壺類がほとんどであることが指摘されている。また、高麗陶器とカムィヤキとでは、製作技術や窯構造などで類似がみられ、その関係性が示されている。両者の系譜関係に関する先行研究の成果は、すでに赤司善彦によって整理されている（赤司2007）。それを参考にすると、カムィヤキの成立は、在地ではなく他地域にその源流を求める考え方が主流である。しかし、その系譜には複数の考え方がある。九州の肥後産中世須恵器、高麗陶器、九州と韓半島の両方などがある。
　しかしながら、九州・琉球列島出土資料、あるいは、類須恵器（カムィヤキ）との比較研究において、韓国での高麗陶器研究の成果があまり反映されていないという問題がみえる。貿易陶磁器に関する研究は、生産地が海外にある

場合、言語が異なることもあり、生産に関する情報が消費地にまで届きにくいことがある。そのため、消費地からの視点で語られることが多い。高麗陶器と類須恵器（カムィヤキ）の比較研究においても、比較・検討は試みられているものの、対象資料は、高麗陶器のなかでも一部の資料のみである。

韓国出土高麗陶器を対象とした編年や器種分類などを適用することで、九州・琉球列島出土資料の特徴をより詳細に正確に把握できる可能性が考えられる。よって、本章では、先に検討した韓国出土資料をもとにした器種分類や大型壺の編年などの成果を援用しながら、韓国出土高麗陶器の視点から、九州・琉球列島出土高麗陶器の特徴やカムィヤキとの類似関係などの解明を試みる。

2. 資料と方法

九州・琉球列島で出土した高麗陶器を対象とする。日本全体でみると、他地域でも出土する可能性はあるが、現在のところ、確認されている地域は、九州と琉球列島のみである。

まず、九州・琉球列島出土の高麗陶器の現況を再整理する。これまでの高麗陶器の集成に関する研究や調査などの成果を基礎とし、それに筆者が新たに把握した資料を追加した。

報告書掲載図面や資料調査等を通して、高麗陶器の把握をおこなった。日本出土の高麗陶器を把握するにあたっては、その特徴について、以下のような研究成果を参考にした。下記の掲げる情報がすべてあてはまるとは限らず、器種や出土地域によって、異なっている。

①須恵器に比べ、器壁が薄く、内面は断面が隆起するような明瞭なヨコナデが施される（赤司1991）。
②細格子目の叩打痕を残し、胴部に三角形の凸帯を貼り付ける（新里2003）。
③胎土には白い帯状の線が混ざり込むものもある（喜界町教育委員会2009）。

次に、高麗陶器が出土した遺跡のうち、基本的には報告書に掲載された図面をもとに、残存状況のよい資料を対象に器種と時期の特定をおこなう。器種の

特定にあたっては、口縁部形態が把握できる資料を中心に、第2章第2節で検討した器種分類を用いることとする。時期の特定においては、第2章第3節で提示した大型壺の編年を適用する。

ただ、今回の分析では、残存状況がよい資料が少なく、細かな器種の特定に至らないことがほとんどである。特に、第2章第4節でみたように盤口形口縁をもつ資料は、多様な細別器種があるものの、胴部形態まで残っていないことがほとんどである。また、口径復元ができない資料もあり、瓶と壺を区分することも困難であった。よって、盤口形口縁をもち、胴部形態が残存しておらず、口径や口縁部形態からみても、判別が難しいものは、「盤口瓶・壺」として扱うことにした。

対象資料数は、図面が報告書に掲載されているものを中心として、現在までに把握できた資料は、約300点にのぼる。しかし、大半が破片資料である。このうち、口縁部形態や胴部形態の特徴より、器種を特定できた資料は90点である。大型壺のなかで口縁部から頸部まで残存していて、編年が適用できた資料は33点である。

なお、報告書によっては、図面は掲載されていないが、高麗陶器や朝鮮製無釉陶器の出土したことが記載されているものや点数が報告されているものなどがある。それらを考慮すると、九州・琉球列島では、現在のところ、約900点以上の高麗陶器が出土しているものと推定される。

第2節　九州・琉球列島出土の高麗陶器

1. 分　布

九州出土高麗陶器の分布については、すでに山本信夫や江上正高によってまとめられている（山本2003、江上2010）。これらの成果に加えて、赤司善彦や新里亮人による徳之島や沖縄本島での発見例（新里2003、赤司2007）や筆者が

新たに把握した出土例などを分布図にまとめると、図5-1・表5-1のようになる。

基本的にはこれまでの先行研究で示されている分布傾向と大きく変わることはない。従来から指摘されているとおり、対馬地域、博多遺跡群、大宰府（政庁跡、大宰府条坊跡、観世音寺などを含む）とその周辺に分布が集中しており、出土量も多い。これらの遺跡に、近年、発掘調査され、高麗陶器が多く出土した竹松遺跡が加わる。

分布は、北部九州を中心として点々とみることができる。南は喜界島、徳之島、沖永良部島、沖縄本島にまで分布が確認できる。

2. 地域別にみる出土高麗陶器の特徴

高麗陶器が出土した遺跡について、出土量が多く、かつ、残存状況がよい資料を中心としながら、地域的重要性をふまえつつ、各地域の遺跡から出土した高麗陶器の器種や年代などについて検討する。

（1）対馬地域

対馬地域は、他地域に比べ、一遺跡からの出土量が比較的多い傾向にある（図5-2）。また、大型壺や盤口瓶・壺に加え、壺類や梅瓶の器種も確認できる。豊富な量と器種は、韓半島に近い地理的条件のもと、通時的に交流・交易があったことをうかがわせる。木坂海神神社弥勒堂跡では、大型壺が多く出土している。共伴遺物からわかる年代もふまえると、Ⅲ・Ⅳ期にあたる12～13世紀のものが主体をなしている。一方、水崎遺跡では、共伴遺物より14世紀後半から15世紀代のものが多い。ただし、出土する高麗陶器の時期をみると、対馬地域では、現在のところ、博多や大宰府で確認できるⅡ期以前のものはみられない。また、胴部資料で、大石原遺跡より11世紀後半の梅瓶が出土している。他地域においても、盤口瓶の一部に梅瓶が含まれている可能性は否定できないものの、確実に梅瓶と特定できる例は稀である。

第 5 章　九州・琉球列島における高麗陶器の消費　173

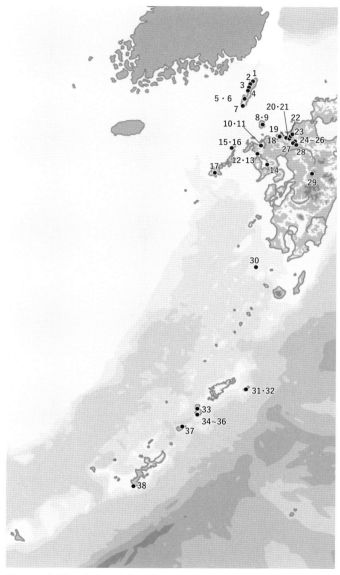

図 5-1　九州・琉球列島出土高麗陶器の分布図（新里 2003、山本 2003、江上 2010、主税 2016 をもとに新たな資料を加えて作成。国土地理院提供地図に加筆。No. は表 5-1 と対応）

表 5-1　九州・琉球列島出土高麗陶器一覧表（No. は図 5-1 と対応）

No.	遺跡名	参考文献
1	大石原遺跡	長崎県上県町教育委員会 1996ほか
2	木坂海神神社弥勒堂跡	長崎県峰町教育委員会 1993a
3	大田原ヤモト遺跡	長崎県峰町教育委員会 1993b
4	三根遺跡	江上 2010
5	水崎遺跡	長崎県美津島町教育委員会 1999
6	水崎（仮宿）遺跡	長崎県美津島町文化財保護協会 2001
7	オテタカ遺跡	長崎県教育委員会 2003
8	興触遺跡	長崎県教育委員会 1998
9	原の辻遺跡	江上 2012ほか
10	松浦今福遺跡	長崎県松浦市教育委員会 1998
11	中ノ瀬遺跡	長崎県教育委員会 2012
12	門前遺跡	江上 2010
13	武辺C遺跡	江上 2010
14	竹松遺跡	長崎県教育委員会 2019ほか
15	玉石鼻遺跡	江上 2010
16	大島赤尾遺跡	江上 2010
17	大浜遺跡	長崎県教育委員会 1998
18	木舟・三本松遺跡	江上 2010
19	鴻臚館跡	福岡市教育委員会 1993bほか
20	博多遺跡群	福岡市教育委員会 1993aほか
21	立花寺遺跡	福岡市教育委員会 1992
22	箱崎遺跡群	福岡市教育委員会 2019
23	首羅山遺跡	久山町教育委員会 2012
24	筑前国分寺	太宰府市教育委員会 1997
25	観世音寺	九州歴史資料館 1990・2007
26	大宰府条坊跡	太宰府市教育委員会 1998ほか
27	川原遺跡	大野城市教育委員会 2015
28	稲吉元矢次遺跡	赤司 1991
29	祇園遺跡	山本 2003
30	大里遺跡	三島村教育委員会 2015ほか
31	城久遺跡群（山田半田、大ウフ）	喜界町教育委員会 2009、2013
32	向田遺跡	新里 2003
33	中里遺跡	天城町教育委員会 2010
34	川嶺辻遺跡	伊仙町教育委員会 2010
35	前当り遺跡	伊仙町教育委員会 2018
36	ミンツィキタブク遺跡	新里 2003
37	大当遺跡	和泊町教育委員会 2020
38	糸州グスク	新里 2003、糸満市教育委員会 1981

第 5 章　九州・琉球列島における高麗陶器の消費　175

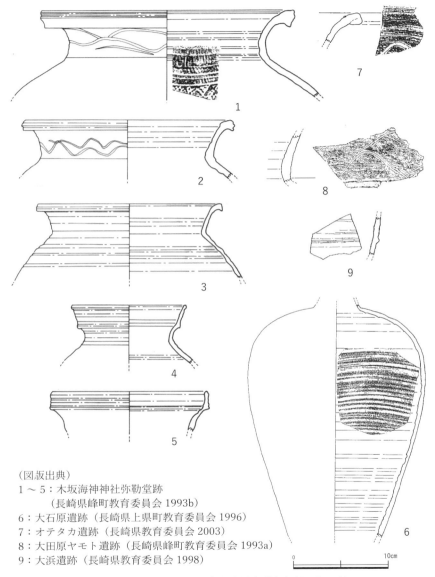

(図版出典)
1〜5：木坂海神神社弥勒堂跡
　　　（長崎県峰町教育委員会 1993b）
6：大石原遺跡（長崎県上県町教育委員会 1996）
7：オテタカ遺跡（長崎県教育委員会 2003）
8：大田原ヤモト遺跡（長崎県峰町教育委員会 1993a）
9：大浜遺跡（長崎県教育委員会 1998）

図 5-2　対馬地域出土の高麗陶器大型壺と盤口瓶・壺
　　　（各報告書より一部改変・転載、1/4）

（2）竹松遺跡

　長崎半島に所在する竹松遺跡からは、大型壺や盤口瓶・壺に加え、蓋も出土している（図5-3）。今のところ、蓋は竹松遺跡でしか発見されていない。また、全体的に出土量もかなり多い。高麗陶器は、総数327点が出土したと報告されている（長崎県教育委員会2020）。ただし、残存状況がよくなく、大半が破片資料である。そのため、高麗陶器から正確な時期を導き出すことは難しいが、大型壺をみると、Ⅲ期に該当するものと推測され、12世紀頃のものが多いと考えられる。

（3）博多遺跡群

　博多遺跡群出土資料は比較的残存状況がよい。器種は、大型壺（図5-4・5）、盤口瓶・壺（図5-6）が中心である。大型壺はⅢ期のものが主体を占める。一部、Ⅱ期のものが博多遺跡群第77次調査で出土している。

　盤口瓶・壺も多くみられ、そのなかに、胴部形態と口径の大きさから扁壺と考えられる資料が博多遺跡群第56次調査より出土している。博多遺跡群出土の盤口瓶・壺は、共伴遺物より12世紀を中心とした時期のものがほとんどある。博多遺跡群以外では、鴻臚館跡より、Ⅰ期と考えられる大型壺が出土している（福岡市教育委員会2009a）。

（4）大宰府

　大宰府から出土した代表的な高麗陶器をまとめたものが図5-7になる。このほか、今回は図示していないが、器種の特定までに至らぬものの、破片資料も比較的数多く確認できる。

　時期は、10世紀代から13世紀頃まで継続的に確認できる。出土量の時期別の推移についても、九州全体の傾向と同様、12世紀代がもっとも多いようである。器種は、大型壺と盤口瓶・壺が主体をなしている。大宰府における高麗陶器の傾向は、九州のなかでも、比較的出土量の多い地域である博多遺跡群と類似した様相を示している。

第 5 章　九州・琉球列島における高麗陶器の消費　177

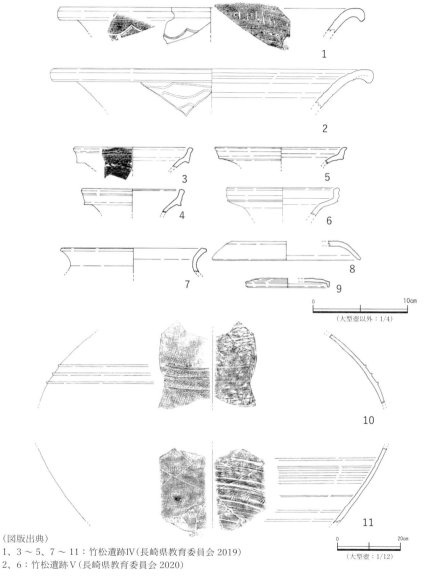

(図版出典)
1、3〜5、7〜11：竹松遺跡Ⅳ(長崎県教育委員会 2019)
2、6：竹松遺跡Ⅴ(長崎県教育委員会 2020)

図 5-3　竹松遺跡出土の高麗陶器大型壺と盤口瓶・壺 (各報告書より一部改変・転載、
　　　　　1〜9：1/4、10〜11：1/12)

178

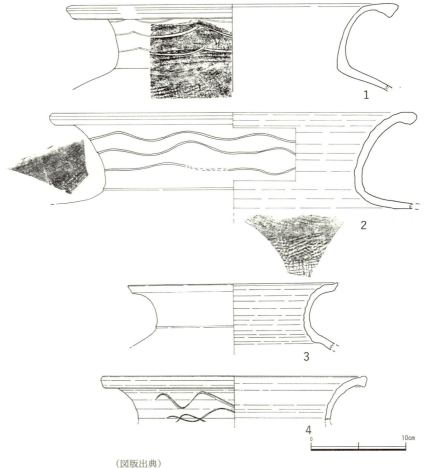

(図版出典)
1：博多遺跡群第 142 次調査（福岡市教育委員会 2005）
2：博多遺跡群第 223 次調査（福岡市教育委員会 2021）
3：博多遺跡群第 56 次調査（福岡市教育委員会 1993a）
4：博多遺跡群第 186 次調査（福岡市教育委員会 2010b）

図 5-4 博多遺跡群出土の高麗陶器大型壺（1）（各報告書より一部改変・転載、1/4）

第 5 章　九州・琉球列島における高麗陶器の消費　179

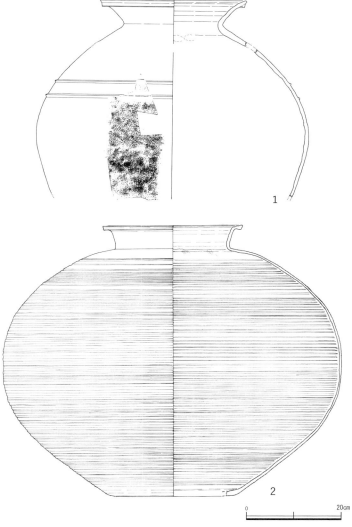

(図版出典)
　1：博多遺跡群第 77 次調査（福岡市教育委員会 1995）
　2：博多遺跡群第 223 次調査（福岡市教育委員会 2021）

図 5-5　博多遺跡群出土の高麗陶器大型壺（2）(各報告書より一部改変・転載、1/8)

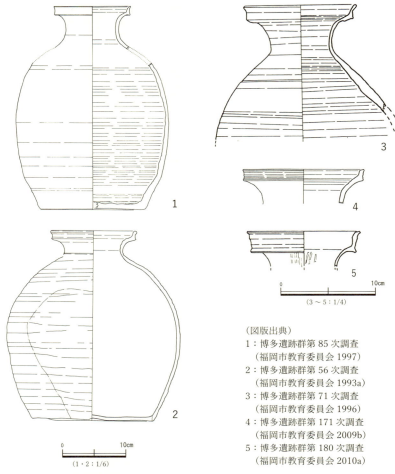

図 5-6　博多遺跡群出土の盤口瓶・壺（各報告書より一部改変・転載、1・2：1/6、3〜5：1/4）

第5章　九州・琉球列島における高麗陶器の消費　　181

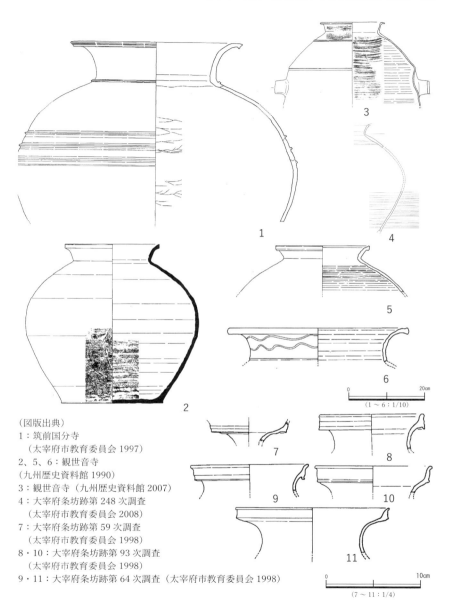

(図版出典)
1：筑前国分寺
　(太宰府市教育委員会 1997)
2、5、6：観世音寺
(九州歴史資料館 1990)
3：観世音寺（九州歴史資料館 2007）
4：大宰府条坊跡第 248 次調査
　(太宰府市教育委員会 2008)
7：大宰府条坊跡第 59 次調査
　(太宰府市教育委員会 1998)
8・10：大宰府条坊跡第 93 次調査
　(太宰府市教育委員会 1998)
9・11：大宰府条坊跡第 64 次調査（太宰府市教育委員会 1998）

図 5-7　大宰府出土の大型壺、盤口瓶・壺（各報告書より一部改変・転載、1〜6：1/10、7〜11：1/4）

器種別に特徴的な資料をみてみる。まず、大型壺および壺類についてである。大宰府出土高麗陶器のうち、もっとも古いものは、筑前国分寺出土大型壺である。図5-7の1であり、大型壺Ⅱ類（10・11世紀）に該当し、共伴遺物からみても、10世紀前葉に位置づけられる。口径45.4cm、頸部が下位から直立気味にのび、上位付近で外側へ曲線的に外反する形態を呈する。頸部と体部の境界に一条、体部中位ほどに三条の突帯が施されている。表面の色調は暗青灰色、胎土の色調は暗赤褐色を呈する。九州の他地域においても、この時期の大型壺は、未だ発見例が少ない。図5-7の3については、口径や頸部形態をみる限り、大型壺の部類に入ると考えられる。ただし、体部中位にみられるような帯状の把手が付いているものは、高麗陶器大型壺のなかでも、一般的であるとはいえないものである。帯状の把手は、通常、鉢類に施されることが多い。

　次に、盤口瓶・壺類についてである。盤口瓶・壺類は、大きく、統一新羅時代より続くものと、青磁や青銅器などを模倣したものに分けられそうである。口縁部形態のみに着目すると、前者の場合は、口縁部側面に複数の溝を有し、後者の場合は、比較的直線的形状を示す傾向がある。他の地域もそうではあるが、大宰府出土盤口瓶・壺の場合も、統一新羅時代から続く口縁部形態を示すものが多い。そのなかでも、大宰府条坊跡第93次出土資料（図5-7の10）は、盤口形口縁の側面に溝が少ないことから、青磁や青銅器を模倣したものの可能性がある。

（5）琉球列島

　琉球列島では、これまでに大型壺と盤口瓶が出土している（図5-8）。大型壺はほとんどが胴部片であり、口縁部資料であっても残存状況がよくないため、時期の特定をすることができない。黒島・大里遺跡の調査では、大型壺の胴部片が出土している。喜界島・城久遺跡群の調査でも多くの高麗陶器が発見されている。城久遺跡群は、多様な輸入陶磁器や製鉄・鍛冶遺構などが確認されており、日本古代国家との関係のなかで成立した遺跡とされ、9～15世紀にかけて琉球弧に大きな影響を与えたと位置づけられている。高麗陶器については、

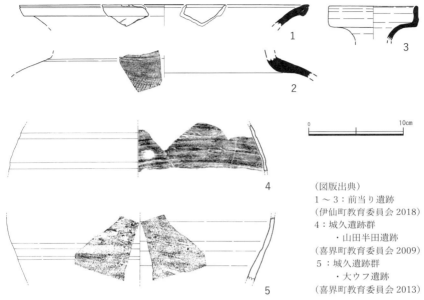

図 5-8　琉球列島出土の大型壺・盤口瓶（各報告書より一部改変・転載、1/4）

（図版出典）
1〜3：前当り遺跡
（伊仙町教育委員会 2018）
4：城久遺跡群
　　・山田半田遺跡
（喜界町教育委員会 2009）
5：城久遺跡群
　　・大ウフ遺跡
（喜界町教育委員会 2013）

小破片を含み計 370 点出土したと報告されている（喜界町教育委員会 2015）。ただし、ほとんどが胴部片であり、器種の正確な特定が難しい。奄美群島や沖縄本島出土資料は、新里亮人による資料調査や、携わった発掘調査などを通して、高麗陶器の把握が進められてきた。徳之島・前当り遺跡では、大型壺と盤口瓶が出土している。沖縄本島では、新里の報告により、糸州グスクからの出土が確認されている（新里 2003）。実測図から判断する限り、大型壺の可能性があるが、未だ実見できておらず、高麗以外の陶器である可能性も否定できない。

第3節　九州・琉球列島への流入背景

1. 器種と流入時期

　まず、九州・琉球列島出土の高麗陶器の器種に関する分析結果について整理する。

　口縁部形態や特徴的な胴部形態などより器種を推定した結果、大型壺41点、盤口瓶・壺27点、壺類18点、蓋3点、梅瓶1点となる。大型壺がもっとも多く、次に、盤口瓶・壺が続く。これらの器種は、高麗陶器のなかでも、特徴的な形態を示すものである。そのため、同時期の日本産須恵器や中国製陶器に比べ、比較的に容易に判別しやすい。このことが要因となり、大型壺や盤口瓶・壺の器種が多いことも考えられる。今後、高麗陶器独自の胎土や製作技術などをより詳細に整理・把握していくことで、他の器種も増える可能性がある。

　実際、竹松遺跡では、類須恵器（カムィヤキ）も出土していることから、高麗陶器に対してもより注意深く肉眼観察がおこなわれた[1]。そのため、他の遺跡ではなかなか発見されてない蓋や壺類などの把握につながったのではないかと推察される。蓋は、現在のところ竹松遺跡でしか確認されていない。また、壺類も全体の8割が竹松遺跡出土資料である。

　次に、時期に関する分析結果について整理する。

　大型壺のうち、先に挙げた編年を適用できた資料は33点のみである（表5-2）。琉球列島出土資料はなく、すべて九州地域出土資料である。大型壺編年にもとづく時期別の数量を示したものが図5-9のようになる。I期のものは、鴻臚館跡出土資料1点のみである。II期のものは、筑前国分寺跡、立花寺遺跡、博多遺跡出土資料の3点である。III期のものは博多遺跡群9点、大宰府条坊跡と観世音寺跡2点、計11点である。IV期のものは、ほとんどが対馬地域出土資料で16点、その他は観世音寺跡で2点の計18点である。V期のものは

表 5-2 　九州・琉球列島出土大型壺一覧表（編年適用可資料のみ）

遺跡名・調査年次	遺構	大型壺編年
鴻臚館跡	GSG1115	I
博多45　第77次	井戸（410号遺構）	II
立花寺	流路（遺構2）3a	II
筑前国分寺跡10次調査	SK002	II
博多34　第56次	土壙（SK0170）	III
博多34　第56次	土壙（SK0281）	III
博多57　第85次	井戸（1259号遺構）	III
博多80　第102次	427B号遺構	III
博多102　第142次	井戸第1面堀方（SE-07）	III
博多139　第186次	井戸（SE177）	III
博多174　第223次	SK87	III
博多174　第223次	SK57	III
博多174　第223次	SK57	III
御笠川南条坊遺跡第5次	-	III
観世音寺119次	東辺域その他遺構・層位等	III
木坂海神神社弥勒堂跡	-	IV
木坂海神神社弥勒堂跡	-	IV
木坂海神神社弥勒堂跡	-	IV
木坂海神神社弥勒堂跡	-	IV
木坂海神神社弥勒堂跡	-	IV
木坂海神神社弥勒堂跡	-	IV
木坂海神神社弥勒堂跡	-	IV
木坂海神神社弥勒堂跡	-	IV
木坂海神神社弥勒堂跡	-	IV
木坂海神神社弥勒堂跡	-	IV
木坂海神神社弥勒堂跡	-	IV
木坂海神神社弥勒堂跡	-	IV
木坂海神神社弥勒堂跡	-	IV
水崎遺跡	2，3・4層	IV
水崎（仮宿）遺跡	-	IV
水崎（仮宿）遺跡	-	IV
観世音寺119次	SD3500	IV
観世音寺119次	東辺域その他遺構・層位等	IV

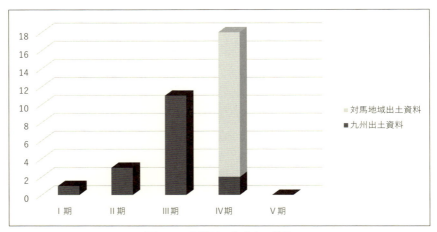

図 5-9 時期別の大型壺の数量

未確認である。Ⅴ期の大型壺は、頸部が短く、日本産中世須恵器などと見分けがつきにくく、発見されていないことも十分に考えられる。

各時期の数量をみると、もっとも多いのはⅣ期にあたる。しかし、先述したように、そのほとんどが対馬地域のものである。そのため、九州全体でみた場合、高麗陶器がもっとも多く流入する時期としては、Ⅲ期であるといえる。なお、共伴資料から年代がわかる資料においても、年代幅が多少長いものも含まれるが、12世紀に該当する資料がもっとも多いことも、このことを補強する根拠の一つになろう。よって、高麗陶器の九州への流入は、Ⅲ期に画期があったととらえておきたい。

通時的に流入様相をみると、九州地域では、Ⅰ期にあたる9世紀から出土が確認でき、Ⅱ期の10・11世紀も続き、Ⅲ期の12世紀になるともっとも多くなる。その後、Ⅳ期の13世紀になり、対馬を除く九州では量は減少するが、出土が確認できる。高麗陶器が高麗時代全般にわたり、継続的に九州・琉球列島に流入していたことがわかる。

琉球列島地域では、川嶺辻遺跡のみで、共伴資料や放射性炭素年代から時期が推定できる(2)。高麗陶器の破片資料が、第3遺構面と第5遺構面より出土して

いる。第3遺構面は13世紀中頃から14世紀代を上限、第5遺構面の上限は9世紀、下限は11世紀後半から12世紀中頃の年代が推定されている（伊仙町教育委員会2010）。年代幅が長く、特定の時期を推定することは難しい。

2. 九州における高麗陶器の流入背景

　九州における高麗陶器が流入する背景について、時期と用途の二つの視点からの検討を通して、考察を試みる。
　1点目は、時期についてである。先の分析により、12世紀にもっとも多くの高麗陶器が流入した可能性が高い。これは、高麗青磁の流入時期や、文献記録からみた高麗・日本との通交が活発する時期とほぼ重複する。博多や大宰府において、高麗青磁は11世紀後半から12世紀前半にかける出土が多くなるとされる（降矢2002）。12〜13世紀までの東アジアにおいて、高麗青磁は「下賜品」から「商品」へとその性格を変えていったとみられるという見解もある（片山2013）。また、『高麗史』の記録などをもとにすると、日麗通交の活況は、11世紀後半であり、12世紀初めを過ぎると記録は大きく減少するが史料の残り方からくる見かけの部分であり、必ずしも実勢そのものとはいえないという評価もある（森平2008）。つまり、すでに指摘されているように、高麗陶器は高麗青磁との分布・時期がほぼ一致していることから（赤司1991、山本2000・2003など）、高麗と九州との交易・交流において、高麗青磁だけではなく、高麗陶器も一緒に持ち込まれたものと考えることができよう。
　2点目は、用途についてである。高麗陶器において、大部分の器種の用途は「貯蔵・運搬」とされている（韓惠先2003など）。九州・琉球列島で出土する高麗陶器の器種をみると、鉢類はほとんどみられず、大型壺を含む壺類や瓶類が大半を占めている。このことより、生活のための容器というよりは、貯蔵を目的としたものが流入したことが容易に想像できよう。この場合、従来からいわれているとおり、高麗陶器は、高麗青磁と異なり、器自体よりもその内容物に価値があったものと推定でき、用途としては貯蔵・運搬であったものと思われ

る。問題となるのは、何が入っていたのかということである。先行研究で佐藤一郎は、香料が入っていた可能性を指摘している（佐藤2006）。しかし、現在のところ、日本において内容物が入った状態での出土例がなく、断定することはできない。いずれにしろ、交易品・交流品としての何かを高麗陶器に貯蔵し、九州や琉球列島に持ち込まれたものと考えられる。具体的な内容物については、今後、理化学的分析も視野に入れつつ、新たな発見を期待する。

　ここでは、九州・琉球列島出土の高麗陶器について、交流・交易品の貯蔵・運搬だけではなく、その他の用途の可能性も提示したい。それは、特に大型壺について、「船上生活品」が廃棄された可能性である。『高麗図経』に記載された内容や泰安馬島1・2号船での出土位置などをもとに、大型壺は、船上生活品、食水用や食事処理用など水を蓄える用途が指摘されている（韓惠先2012b）。すなわち、航海にあたっては、船に水を蓄えるために大型壺を積むということである。このようなことに加え、大型壺の場合は、高麗陶器のなかでもかなり大きい器種であり、交流・交易品としての運搬には適当であったとはいいづらく、それよりも、船上での使用容器であったと考える方が理解しやすいこともある。航海中に何らかの理由で破損し、それを渡航先にて廃棄した場合もあるのではないだろうか。

　実際、廃棄の可能性を裏付けるような出土状況がある。長崎県の竹松遺跡である。竹松遺跡は、大村湾に近接した位置にある。調査面積は約10万㎡に及び、原始時代から、古代、中世に至る約700基の遺構が検出され、出土遺物は約70万点と大規模な遺跡である。中世においては、滑石製石鍋や中国産玉縁口縁白磁（大宰府編年白磁Ⅳ類）、類須恵器（カムィヤキ）、高麗陶器など多くの遺物が出土している。琉球列島とも関係する遺物も出土していることから、韓半島から大村湾を経由して琉球列島にいく交易ルートの復元も想定されている（堀内2016）。

　竹松遺跡では、現在のところ、日本の本土で、もっとも多くの高麗陶器が出土した遺跡でもある。発掘調査報告書では、高麗陶器が出土したグリットとその量が提示されている（図5-10）。調査区の北側に集中しているようにみえる。

報告者は、遺構の分布をみると建物跡や柱穴が南側に集中していることから、高麗陶器が出土した場所は遺構から離れた場所であると言及している。さらに、明確な遺構に伴わず大量の高麗陶器が出土していることについて、高麗人が伴うとするならば、あえて遺構のない場所を選び、短期の滞在をしていたと推定している（川畑 2020）。あえて遺構のない場所を選定していることから、不必要になった高麗陶器を人為的に廃棄した可能性も呈示しておきたい。実際、竹松遺跡から出土する高麗陶器は、ほとんど破片資料であり、小さいものが多い。よって、大型壺については、竹松遺跡に来た高麗陶器を持った者が、船上で破損したものを廃棄した可能性も想定しておきたい。ただし、廃棄を考えるにあたっては、遺跡の性格も考慮する必要がある。竹松遺跡の場合は、拠点的港湾遺跡の性格が強く、多量に出土していることもあり、廃棄の可能性が想定できる。しかし、一般的な消費遺跡において、出土量が少ない場合は、確実に廃棄されたとはいえないことが多い。

　最後に、竹松遺跡での出土例より、船上生活品の廃棄として考えることができる条件を整理しておくと、大型壺、遺構のない場所での出土、破片、拠点的港湾遺跡などを挙げることができる。しかし、九州・琉球列島においては、竹松遺跡以外では、このような条件を満たす遺跡は今のところほとんどない。竹松遺跡は、広大な面積を発掘調査した結果、このような可能性を考えることができたともいえる。よって、現在のところ、交流・交易品か、船上生活廃棄品かを特定の条件のもと、明確に断定することは難しい。本書ではあくまでも仮説を提示するに留めておきたい。今後、高麗陶器の出土状況や器種、他の遺物との位置関係などを詳細に検討し、検証していく必要がある。(3)

3. 琉球列島における高麗陶器の流入背景

　琉球列島において出土する高麗陶器の意義についても考えてみたい。

　琉球列島で出土する高麗陶器は、現在のところ、九州に比べると量も少なく、破片資料が大半であり、明確な器種の特定まで至っていない。そのため、

190

図 5-10 竹松遺跡グリッド別の高麗陶器出土量（長崎県教育委員会 2020 をもとに再作成）

流入の様相は九州に比べると不明な部分が多い。ただ、分布だけをみると、喜界島、徳之島、沖永良部島、沖縄本島で出土しており、北からの流入経路を点で示している可能性が示唆される。

　琉球列島で出土する高麗陶器を考える上で、類須恵器（カムィヤキ）との関係が重要になってくる。研究史でみたように、両者は、複数の類似点が指摘されている。一方で、器種構成は大きく異なる。これも先行研究で指摘されているように、高麗陶器の特徴を示す一つである「盤口瓶・壺」が類須恵器（カムィヤキ）にはみられないことなどが挙げられている（吉岡 2002、赤司 2007）。

　この点に加え、器種構成や波状文についても、両者をもう少し詳しく比較してみる。類須恵器（カムィヤキ）の器種構成は（図5-11）のようになる。比較すると、高麗陶器と類須恵器（カムィヤキ）で類似する器種は壺類だけともいえる。高麗陶器にある大型壺はみられない。鉢類や碗類はあるものの、高麗陶器のものとは多少異なる形態のようである。

　また、波状文についても施文箇所と文様も異なる。波状文について、高麗陶器の場合は、時期によって異なるものの、基本としては、大型壺をはじめとする壺類の頸部や胴部に施文されることが多い。また、文様形態も複雑であり、大型や小型のものが組み合わさった複数のものもあれば、単数のものもみられる。一方、類須恵器（カムィヤキ）は、壺の肩部から胴部にかけて小型の波状文を施されることが多い。

　このように、多種多様な器種をもつ高麗陶器のなかでも、ごく限られたほんの一部の器種のみしかカムィヤキにはみられないのである。以上の点から、やはり、高麗陶器とカムィヤキの類似に関する評価としては、吉岡康暢が言及しているように、高麗陶器の技術をベースにしながら、器種は、中国、もしくは在地的なものが取り込まれたと考えることが妥当であろう。つまり、両者の関係は、高麗陶器に関する全要素ではなく、いくつかの要素のみがカムィヤキに取り組まれたものといえる。

　いずれにしろ、琉球列島、特に徳之島で出土していることは、高麗陶器と類須恵器（カムィヤキ）という関係における「原型」と「模倣」の接触を示す資

192

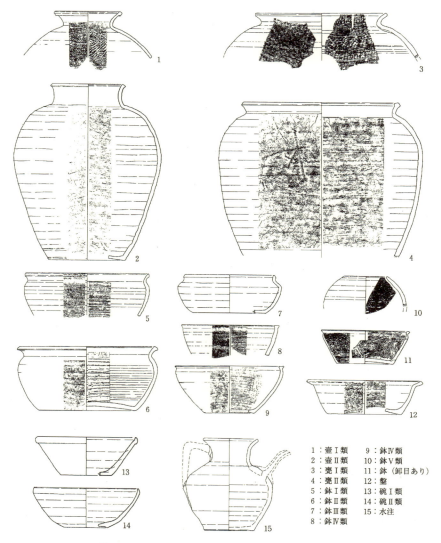

図 5-11 類須恵器（カムィヤキ）の器種（伊仙町教育委員会 2005 より転載、縮小は任意）

料として重要である（中島 2008）。類須恵器（カムィヤキ）に高麗陶器の要素がみられるということは、高麗陶器の価値についても九州地域と多少異なった評価ができよう。すなわち、琉球列島出土の高麗陶器は九州地域のものとは異なり、「器自体」に価値があった可能性も考えられる。しかし、このことを論証する資料は今のところはなく、仮説の段階に留めておきたい。

　琉球列島と高麗の関係を示す考古資料は乏しく、琉球列島における高麗人の動きを今ひとつ把握できない状況である。高麗との関係を示すような考古資料の例を挙げるならば、高麗青磁や高麗系瓦などがある。しかし、琉球列島における高麗青磁は、同時期の中国産陶磁器に比べると圧倒的に少ない。また、高麗系瓦について、窯も未発見であり、瓦の技術においても高麗との直接的関係を明確に示すまでに至っていない。琉球列島における高麗人の動きを今ひとつ把握できない状況である。

　一方、文献史学の分野では、南九州有力者層が南島（琉球列島）との交易について、高麗までをも圏域にして広がりをみせていたという見解もある（田中 2012）。今後、隣接分野の学問ともより連携を図り、さまざまな人びとが活発に動き回った、中世の琉球列島から高麗の人びとの端緒をつかむことができればと考える。

第4節　小　結

本章における分析結果を整理すると、以下のとおりである。
①日本で出土する高麗陶器の分布の中心域は北部九州であり、点的ではあるものの、琉球列島にまで分布域は広がっていることを明らかにした。
②日本出土高麗陶器について、時期ごとに偏差があるものの、Ⅰ〜Ⅳ期と高麗時代全般にわたり出土が確認できることを明らかにした。
③Ⅲ期にあたる12世紀において、九州にもっとも高麗陶器が流入しており、この時期は大型の消費でも用途が広がる時期とあわせ考えると、高麗陶器

の消費において、画期があることが考えられた。

④九州、および琉球列島で出土する器種は、大型壺と盤口瓶・壺が主体を占めることを明らかにした。ただし、これらの器種の特徴は、同時代の陶磁器と比べ、高麗陶器特有の器形であることから見分けやすいことが要因となっている可能性がある。

⑤日本に持ち込まれた高麗陶器の用途について、竹松遺跡出土資料をもとにすると、貯交流・交易品の貯蔵だけではなく、船上生活品が廃棄されている可能性を指摘した。

⑥琉球列島で出土する高麗陶器は、類似関係が言及されている類須恵器（カムィヤキ）との関係を示す資料である可能性が高い。よって、九州で出土する高麗陶器と異なり、器自体に価値があった可能性を示した。

本章までの分析を通して、高麗陶器の生産と消費について検討した。

次章では、これまでの分析結果をまとめ、高麗陶器の生産と消費について、時間的変遷のなかで整理し、画期とその背景について検討する。

註
（１）竹松遺跡出土資料の資料調査の際に、整理作業に従事された方からご教示をいただいた。
（２）器種の特定ができないほどの破片資料であったため、本節の図面には掲載していない。
（３）琉球列島では、高麗陶器の器自体に価値があった可能性が考えられる。そのため、南島との交易が考えられる竹松遺跡では、高麗陶器の破片でも価値を見出していたことも推測されるが、その根拠は今のところ乏しい。このような問題については、今後、さらなる検討をおこなっていきたい。

第6章　生産と消費からみた高麗陶器の特質

本章ではこれまでの分析の結果をまとめ、生産と消費からみた高麗陶器の特質について考察する。高麗陶器の生産と消費の時間的変遷をまとめ、画期を見出す。

第1節　生産の時間的変遷

本節では、大型壺の編年にもとづいて設定した時期であるⅠ～Ⅴ期の各期において、大型壺の形態と消費、窯構造、生産器種について、時間的変遷をまとめる。大型壺と窯構造の変化、特徴的な器種を整理すると図6-1・2のようになる

Ⅰ期は、波状文が施文されるものと無文のものの二つのタイプの大型壺を確認できる。この時期の頸部形態は、直立的に長いことが特徴である。波状文が施されるものについては、複数でかつ波の上下が明確であり、装飾的に施される。窯構造は、楊広道地域においてa類とb類の二つの型式が確認できる。いずれも奥壁は直立する。ただし、この二つの型式の平面形態は異なっている。平面形態が窯構造b類はa類に比べ、排煙口に向かって絞り込むものである。いずれも、三国時代以来から続く土器窯の形態に近いものと考えられる。窯全長でみると、3～4m程度のもの、6m程度もの、9m程度のものと差がみられる。楊広道地域以外では、慶尚道地域で窯構造a型式が1基のみ確認でき、その窯規模は楊広道・全羅道地域に比べ、小規模である。生産される器種については、大型壺、細頸壺、ラッパ瓶、盤口瓶、4面扁瓶、鉢a・b類、碗、蓋な

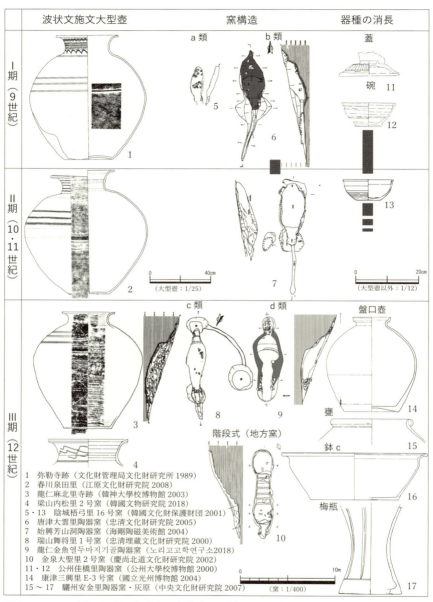

図 6-1　Ⅰ～Ⅲ期における大型壺・窯構造・器種の変遷（大型壺1～4：1/25、その他10～16：1/12、窯：1/400）

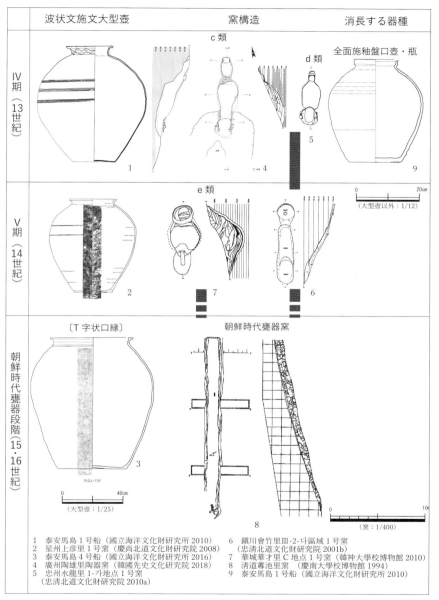

図 6-2　Ⅳ・Ⅴ期における大型壺・窯構造・器種の変遷（大型壺1～3：1/25、盤口壺9：1/12、窯：1/400）

どである。碗・蓋の生産は、この時期がもっとも多い。

　装飾的要素が強い波状文施文の大型壺、奥壁が直立気味の窯構造、碗・蓋類の生産など、統一新羅の要素が強い時期といえる。

　II期になると、大型壺の頸部形態が直立してから曲線的に外反する。波状文が施文される場合は、I期よりも幅が多少小さな波状文が複数施される。窯構造について、楊広道では該当する資料は少なく、実態がやや不明瞭であるものの、現状では窯構造b類が該当するものと考えられる。全羅道地域でも楊広道地域と同じ窯構造b類を4基確認できる。全体的な窯に関する特徴としては、I期より窯規模がやや大型化している。また、全羅道地域のみで「暗渠状排水溝」を付設した窯がみられるようになる。生産される器種は、基本的にI期と同様であるが、碗・蓋を生産する窯が減少していく。

　波状文の装飾性の低下や、碗・蓋の生産減少など、I期に比べ、生産性の低下が多少みられる。ただし、窯規模はI期に比べやや大型化する傾向がうかがえる。

　III期になると、大型壺の頸部形態は前の時期と同様に直立してから外反するという形態を基本としつつも、長さについてはII期と比べて短頸化する。さらに、施文される波状文も3～4条と以前よりも数が減少する。また、施される波状文の質についても波状文同士が重なったり、途切れたりとそれまでよりも粗雑化する場合が多い。

　楊広道・慶尚道・全羅道のすべての地域において、窯構造は、III期に大きな変化があらわれる。窯後方部に、排煙関連施設を有するようになる。窯構造c・d類の登場である。窯後方部に広い空間を新たにもたせることから燃焼率や操作性の向上などが見込まれる。おそらく、生産量を増加させる目的があったのではないかと推測できる。また、慶尚道地域・金泉大聖里2号窯は、排煙関連施設よりも広大な空間を窯後方部にもち、かつ、階段式の床面をもつといった特徴的な窯の存在がみられるようになる。

　また、特定器種の生産に特化したと考えられる窯もこの時期より登場する。羅州煙里窯跡と龍仁魚肥里I-3-1号窯である。出土量からみて羅州煙里窯跡

では鉢ａ類、羅州煙里窯跡と龍仁魚肥里Ⅰ-3-1号窯では、鉢ａ類と梅瓶を主体に生産したものと推定される。おそらく、需要に応える形で、器種の分業体制に伴う生産がおこなわれていた可能性がある。

　器種構成においても、大きな変化がみられる。Ⅱ期までは、碗・蓋を確認できたが、Ⅲ期になるとそれらの生産がみられなくなる。一方で、甕や、青磁や銅器などを模倣して製作された器種である梅瓶や鉢ｃ、盤口壺などが生産されるようなる。特に、盤口壺は、盤口形口縁の形状からみる限り、統一新羅時代から高麗時代特有の志向の転換があったものと考えられる。また、鉢ｃをはじめとする特定器種の生産に特化した窯も出現する。

　このように、排煙関連施設を有する窯や慶尚道における特殊な構造をもつ窯の登場、新たな器種の生産、特定の器種に特化した窯の出現といった変化からみて、生産からみるとⅢ期に大きな変化があったといえる。

　Ⅳ期になると、大型壺の頸部はさらに短くなる。施文する場合の波状文も波の幅が大きく緩やかなものを２～３条施す。より波状文の単数化と粗雑化が進む。窯構造における顕著な変化としては、それまで窯の前方に付された「排水溝」がⅣ期をもってほぼ消滅する。器種構成では、新たに２面扁瓶の生産が開始されるが、基本的にⅢ期と同じような様相をみせる。また、この時期になると、高麗陶器の器種のなかでも盤口瓶・壺が先行して、全面施釉されるようになる。

　Ⅴ期は、該当資料が少なく不明瞭ではあるが、大型壺頸部形態の直立が短くすぐに外反するようになる。また、この段階になると波状文が消失し、無文のものだけになる。窯構造は、Ⅴ期よりｅ類が出現する。ｅ類は、ａ～ｄ類に比べ、特に断面状の形状に大きな差異がみられ、構造上、大きなちがいがある。器種構成は、多種多少な器種がみられたⅣ期までと比べ、生産する器種の種類の減少が認められる。盤口形口縁をもつ器種がなくなり、大型壺・壺類・鉢ａ・鉢ｃ類などが多数を占めるようである。このような貯蔵容器類を主体とした器種構成も、朝鮮時代の陶器である甕器における基本の器種構成につながっていると考えられる。

V期以降、15世紀前半を起点として、朝鮮時代甕器へと移り変わっていく様相がうかがえる。口縁部が「T字状口縁」になる甕器がみられるようになる。窯構造においては、統一新羅時代から続く窯下方部と上方部が窄まる楕円形状の窯から、床幅が均一で長い焼成部をもつ無段単室傾斜窯が登場するようになる。
　この時期以降、器全体が施釉された全面施釉が大半を占める段階になることをもって、朝鮮時代甕器が確立していったものと考えられる。

第2節　消費の時間的変遷

　本節では、大型壺の消費・用途、ならびに九州・琉球列島出土の高麗陶器について、大型壺編年をもとにその変遷をたどることで、消費に関する時間的変遷を明らかにする。
　まず、韓国で出土する大型壺は、これまでの研究でも指摘されているように、高麗陶器の主用途とされる「貯蔵」が、I～V期の全時期にわたって確認できる。使用方法は、地中に胴部から下を埋めることが基本となる。貯蔵される場所は、屋内と屋外の両方でみられる。祭祀に使用されたことも認められるが、貯蔵に比べると相対的には少ないものの、散在的ではあるが全時期に確認できる。船上・交易品については、IV期以降からみられるようになる。ただし、現在のところ、時期が把握可能な大型壺が出土した沈没船がIV期のものしかなく、今後の発掘調査によって、それ以前の時期のものが出土する可能性も考えられる。
　消費・用途に関する時間的変遷における変化として、III期における「埋葬」への使用である。埋葬の事例が相対的に少ないものの、これまでに発見されているものは、すべてIII期のものである。I・II期では、貯蔵や祭祀などに際して、大型壺にモノを入れていたが、III期以降になると、容器にモノを入れるという行為に、新たに埋葬という用途が加わり、高麗陶器の使用が広がったとと

らえることができる。また、Ⅲ期以降になると大型壺の容量が、Ⅱ期に比べ、多少小型化しているように見受けられる。

　小型化する背景について、大型壺だけに限っている訳ではないが、吉良文男は、全羅南道の青磁を大量に開京に海上輸送するにあたり、運びやすいもの、または船上生活の食品貯蔵に適したものとして、容量の大きな中型短頸壺ならびに施釉陶器が必要になったのではないかと推測している（吉良2010）。高麗陶器の変化要因を、海上輸送の事象と結びつけ考察したという点で重要な指摘である。

　朝鮮史の成果を参考にすると、高麗では、海上交通路の整備が実施されている。各地で徴税された穀物を都まで運搬する必要があり、その手段として、海や河川を通じた「漕運」と呼ばれる水上交通が利用され、その業務は各地の地方豪族が担い、その後、地方制度の整備に伴い、集積・積出港の機能を集約的に担う雑所として「漕倉」が全国に13箇所設定され、倉民が輸送を担うようになったとされる（森平2017）。漕倉に関する史料が少ないようであり、その設置と確立時期には複数の議論がみられる。そのなかで、北村秀人は、高麗の郡県制の成立過程のなかで、漕倉制度をとらえており、集約的な形での確立は、靖宗代（在位1034～1046）としている（北村1978）。

　上記のような見解をもとに、本書でも、大型壺の小型化には海上交通の発達を一因として考えておきたい。北村は、漕倉制度の確立を11世紀半ばとみており（北村1978）、大型壺の小型化がみられるⅢ期・12世紀とは多少の乖離がみられる。この乖離については、漕運制度が確立し、安定していくなかで、船に乗せ、水を貯める容器としての大型壺の需要が高まり、より適した形状になったものと想定しておく。大型壺の頸部形態が短頸化するのもこの時期であり、小型化と同様に、運搬のしやすさが影響しているかもしれない。Ⅲ期における漕運と大型壺の関係を裏付けるような沈没船資料は、まだ発見されていない。現在のところ、発掘調査がされ、大型壺が出土しているものはⅣ期以降のものであるため、考古資料から明確に立証することができない。今後、Ⅲ期にあたる12世紀資料が発見されることを期待したい。

次に、九州・琉球列島で出土する高麗陶器のうち、大型壺の時期的変遷を整理する。編年がわかる大型壺は琉球列島では今のところ出土していないため、九州出土資料のみとなる。Ⅰ期では鴻臚館跡のみで確認できる。鴻臚館は、対外交渉機関であり、統一新羅土器も多く確認されている。Ⅱ期になると、Ⅰ期に引き続き、博多湾近辺の博多遺跡群や立花寺遺跡だけではなく、内陸部にあたる大宰府でもその出土が確認できる。大宰府・筑前国分寺出土大型壺は、上半部が残っており、資料の状態はよく、船上生活品ではなく、交易・交流品の可能性が高い。Ⅰ・Ⅱ期は、鴻臚館と大宰府でも出土がみられ、両遺跡の性格を考慮すると、出土した高麗陶器は、通時的な韓半島との交流のあらわれであると考えられる。Ⅲ期になると、量が激増する。量が増加するとともに、分布域も前時期よりも広がる。現在のところ、博多遺跡群と大宰府以外でも、大型壺を確認できる。また、高麗−日本−琉球の交易・交易ルートにおける一拠点とされる竹松遺跡で出土する高麗陶器もこの時期にあたるものと考えられる。なお、竹松遺跡で出土する高麗陶器は、出土状況や遺構との関係などから、船上で使用したものが破棄されたものと推定される。いずれにしろ、Ⅲ期は、高麗との活発な交易・交流がおこなわれた結果であるといえよう。Ⅳ期は、対馬地域のみで多く資料がみられる。対馬地域以外では、大宰府のみで確認できるのみである。そのため、Ⅲ期と比べると、流入する量は減少したものと考えられる。Ⅴ期に該当する資料は、現在のところ確認できておらず、この時期の様相については不明である。

第3節　生産と消費からみた画期とその背景

1. 高麗陶器生産・消費における段階の設定

これまでの検討を通して、高麗陶器の生産・消費様相における変化から各段階を設定し、「画期」を位置づけたい。大型壺型式、盤口瓶・壺型式、窯構造

表 6-1 高麗陶器の生産・消費段階（１）（大型壺型式、盤口瓶・壺、窯構造）

段階	大型壺	盤口瓶・壺	窯
第１段階 Ⅰ・Ⅱ期 （９〜11世紀）	・長頸 ・精密・複数の波状文 【大型壺Ⅰ・Ⅱ類】	盤口瓶A型が主体	統一新羅的窯 【窯構造a・b類】
第２段階 Ⅲ・Ⅳ期 （12・13世紀）	・直立・直線的短頸 ・粗雑・単数の波状文 【大型壺Ⅲ・Ⅳ類】	・盤口瓶B型が主体 ・盤口壺の出現 （Ⅲ期） ・全面施釉の普及 （Ⅳ期）	・排煙関連施設付設窯 【窯構造c・d類】 ・特定器種特化生産窯 の成立（Ⅲ期） ・地方窯の出現（Ⅲ期）
第３段階 Ⅴ期 （14世紀）	・曲線的短頸 ・無文 【大型壺Ⅴ類】	量の減少？	排煙関連施設付設窯 【窯構造d類】 変形窯 【窯構造e類】
朝鮮時代 甕器段階 （15世紀以降）	T字状口縁	（ラッパ口瓶）	無段単室傾斜窯

　型式、器種構成、大型壺の消費、九州・琉球列島への流入など諸要素をもとに段階を設定すると、表6-1・2のようになる。高麗陶器大型壺の編年をもとに、大きく第１〜３段階に設定することができる。また、本書では、朝鮮時代へ移り変わっていくなかで、高麗陶器がいかに変化していくかについて、大型壺と窯構造を検討した。それらの分析結果をもとに、第３段階の次に、「朝鮮時代甕器段階」として設定した。

　ただし、朝鮮時代甕器段階における盤口瓶・壺、器種構成、大型壺の消費、九州・琉球列島の流入については、本書では十分に検討したとはいえない。そのため、補足として、片山2005・2013、および一部の朝鮮時代甕器窯の報告書（慶南大學校博物館1994、湖南文化財研究院2004など）を参考に、現在推

表 6-2　高麗陶器の生産・消費段階（2）（器種構成、大型壺の消費、九州・琉球列島への流入）

段階	器種構成	大型壺の消費	九州・琉球列島への流入
第1段階 Ⅰ・Ⅱ期 （9～11世紀）	統一新羅的器種 【碗・蓋】	貯蔵・祭祀など	継続
第2段階 Ⅲ・Ⅳ期 （12・13世紀）	新器種の出現 【甕、梅瓶、鉢cなど】	埋葬への拡大 （Ⅲ期～）	増加
第3段階 Ⅴ期 （14世紀）	壺・甕・鉢が主体？	貯蔵・船上使用	減少？
朝鮮時代 甕器段階 （15世紀以降）	（壺・甕・鉢が主体）	（貯蔵が主体）	？

定される様相を（　）で表記した。

　高麗陶器の各段階について、高麗青磁との動向とも比較しながら相互の関係もふまえつつ、検討していく。なお、高麗青磁に関する時期区分と各変化については、尹龍二の見解（尹龍二 1991）を参考にした。

　第1段階は、統一新羅土器から高麗陶器への遷移する段階である。大型壺、盤口瓶・壺、窯構造、器種構成において、統一新羅土器の要素を色濃く残す時期である。大型壺編年のⅠ・Ⅱ期にあたり、9～11世紀頃である。

　大型壺は波状文施文と無文のものがあるが、どちらとも頸部が長い。波状文が施文されるものは、頸部に精密で、かつ複数文様が施される。盤口瓶は、口縁部側面の溝が明瞭で、かつ複数施されるものが主体をなす。窯構造は、a・

b類にあたる。楕円形の平面形態が基本であり、煙道が直立気味に立ち上がるものである。器種構成の特徴は、碗・蓋が生産されていることである。大型壺の消費は貯蔵を主体としながら、地鎮・鎮壇をはじめとする祭祀などにも使用される。九州への流入は、一部の地域に限定され、鴻臚館跡や大宰府など古代より韓半島とのつながりがある地域において、統一新羅時代から継続して高麗陶器が入ってきているようにみえる。ただし、その量は、次の段階に比べると少量であり、分布も限定的なものである。

　高麗青磁の生産開始時期は、諸説あるが、高麗陶器第1段階には始まったものであると考えられる。ただし、高麗陶器にまでその影響が及ぶまで、高麗青磁は生産が安定し、普及していなかったものと考える。この段階の高麗陶器は、統一新羅時代土器の流れを汲みながら、その範疇を逸脱するほどの変化がみられない。

　第2段階は、高麗陶器が確立する段階である。すなわち、統一新羅時代から存続する要素が消滅し、高麗時代特有の様相に変化する時期である。大型壺編年のⅢ・Ⅳ期にあたる。大型壺には、前段階同様、波状文施文と無文のものがある。頸部形態に変化がみられ、前段階に比べ、頸部が短くなる。また、波状文が施文されるものは、施文される波状文も、2～3条と少なくなったり、文様同士が重なりあったりするなど粗雑化する。盤口瓶は、前段階にあるA型は持続しながらも、口縁側面における溝の数が減少したものや溝がない盤口瓶B型が登場する。さらに、新たに盤口壺も登場する。盤口壺は、青磁や青銅器にある器種を模倣して製作されたものと考えられる。さらに、Ⅳ期からの盤口瓶・壺は、他の器種に先駆け、全面施釉されていく。窯構造は排煙関連施設を付設するものが登場する。排煙関連施設は窯の排煙口周辺に平面状で空間をもつものである。窯後方部に新たに空間をもたせることにより、生産や作業などの効率を向上させる目的があったものと考えられる。器種構成では、前段階の碗・蓋が消滅し、新たに、甕、梅瓶、鉢cが出現する。碗・蓋が消滅する背景には、先行研究において磁器の普及が指摘されている。甕は、前段階において類似するような形状のものがみられず、系譜を確認できないため、周辺の国外

から入ってきた新たな器種である可能性が考えられる。梅瓶や鉢c類は、高麗青磁、あるいは銅器にある器種を模倣して製作されたものと推測される。一方で、Ⅲ期に、地方窯や特定の器種のみに特化して生産する窯などが出現し、排煙関連施設の登場とあわせ、「生産」の効率化が図られたものと考えられる。大型壺の消費に関しては、これまでに貯蔵・祭祀の用途が主体であったのに対し、新たに、埋葬や蔵骨器としても用いられるなど、用途の広がりがみられる。九州・琉球列島への流入は、分布が広がるとともに、その量も増加する。

　同段階における高麗青磁は、12世紀前半に翡色青磁、12世紀後半に象嵌青磁と、生産を安定させる時期にあたる。高麗陶器においても大きな変化がみられることから、高麗陶器と高麗青磁の生産・消費に関する動向は連動していたことが想定される。高麗青磁にもみられる器種である梅瓶や鉢cを高麗陶器で模倣して生産する時期もこの段階にあたる。13世紀になると、南宋との国交が断絶した影響を受け、高麗青磁は特有の器形と文様を発展させ、13世紀後半になると元の影響を受け、金彩青磁を製作するようになる。高麗陶器では、13世紀において、先行して盤口瓶・壺類の器種に対して、全面施釉がみられることから、元の影響があったことをうかがわせる。第2段階になると、高麗陶器へその影響が及ぶほど、高麗青磁の生産が安定、そして普及していったものと考えられる。

　第3段階は、朝鮮時代に登場する甕器へと移行していく段階と考える。大型壺編年のⅤ期にあたる。当該期の資料は高麗陶器全般をみても少ない。そのため、第1・2段階に比べると不明瞭な部分が多い。大型壺は無文のもののみになる。波状文という高麗陶器を特徴づける属性の一つが完全に消滅する。頸部形態はかなり短くなり、胴部からそのまま外側にのびる。この時期の大型壺の頸部形態だけみると、短頸壺と見分けがつかないほどである。盤口瓶・盤口壺とも、窯跡出土資料のなかで大型壺と共伴する資料が現状では見当たらない。このような状況より、もしかすると、その量自体が減少したことも考えられる。窯構造は前段階からd類が続くが、新たにe類が登場する。窯構造e類は、特に床面形状に特徴があり、d類までのものと比べ、傾斜が急であったり、階

段状になったりする。器種構成では、大型壺と共伴する資料が少ないだけかもしれないが、瓶類をはじめとして、この時期にみられなくなる器種が多い。このようなことから、器種自体が減少した可能性がある。

　この段階にあたる14世紀後半の高麗青磁は、実用的器の大量生産を目的に、全国の内陸部に窯を築造するようになる。先述したようにⅣ期に該当する高麗陶器資料が、生産面・消費面ともに少なく、高麗青磁との関係を論じるまでに至らない状況である。ただし、現状での資料をみるかぎり、生産される器種が減少する傾向にあることから、高麗陶器の生産は、前段階に比べると衰退の様子がみえる。

　第3段階の次の段階にあたる朝鮮時代甕器段階になると、大型壺をはじめとして、壺類・鉢類はT字状口縁となることが特徴の一つとして挙げられる。また、窯も無段単室傾斜窯に変化していく。器や窯の両面において、高麗陶器とは異なる、つまりは高麗陶器の要素を逸脱するような様相をみせている。泰安馬島4号船では、高麗陶器大型壺Ⅴ類とT字状口縁をもつ甕器が共存していることから、15世紀前半を境として、朝鮮時代甕器へと遷移的に変化していったものと考えられる。

2. 画期とその背景

　高麗陶器の生産と消費の変化から、大きく三つの段階を設定した。このうち、高麗時代においては、第2段階、Ⅲ期にあたる12世紀頃において、高麗陶器の生産に画期が見出すことができる。すなわち、Ⅲ期は、いわゆる統一新羅時代から続く様相から逸脱する時期としてとらえることができる。

　Ⅲ期を画期として、大型壺は、波状文という装飾は残るものの、以前と比べて明らかに粗雑化し、施される数も減少している。盤口瓶においても、口縁部側面に施される場合、溝が前段階よりも明らかに少ないもの、もしくは溝を施されない新たな型式が出現する。陶器製作の面でみると、統一新羅時代から続く器種において「省力化」や「手抜き感」が看取される。

その一方では、これまでの高麗陶器とは異なる系譜である「甕」や、高麗青磁や青銅器の模倣と想定される「鉢 a」や「梅瓶」など、新たな器種をつくり出す。高麗青磁や銅器を模倣した陶器、いうなれば模倣陶器の生産に関しては、おそらく、高麗青磁や銅器の需要を補強する形で始まったものとされる。高麗陶器・高麗青磁・銅器で共通する器種の一つに、盤口型口縁を有する長頸瓶がある。韓惠先によると、副葬品からみると、素材ごとに階層があり、陶器はそのなかでも下位に位置しているようである（韓惠先2019）。この見解に従うならば、一定の器種において、高麗青磁・銅器が普及していくなかで、それらを入手できない者の需要を満たすために、陶器で模倣して製作したものではないだろうか。

また、大型壺の用途や日本での消費においても、変化がみられる。大型壺は高麗時代全般を通して貯蔵の用途が主体となりつつ、祭祀や地鎮・鎮壇具にも使用されてきた。それがⅢ期になると、埋葬や蔵骨器にも使用されるようになる。大型壺の用途が拡大したことが推測できる。さらに、用途の拡大と同時に、需要の高まりもあったことが想定できる。国内では、漕運制度の確立・安定するにつれて、運搬容器、もしくは船上生活品としての容器として、大型壺の需要が高まったことが推測できる。一方、国外においても、九州から出土した高麗陶器の状況から察することができる。九州出土の高麗陶器はⅢ期に流入のピークを迎える。これらの資料は、高麗からの交易・交流品だけではなく、高麗からの船で使用されたものもあると考えられる。

このような用途の拡大に伴った需要の高まりが要因となり、生産量を増やすことを目的として生産施設で窯の改良にもつながったものと考える。窯構造においても、この時期により窯の後方部に排煙関連施設を有するようになる。排煙関連施設の機能としては、排煙調整や窯詰め・窯出しのための作業空間と推定される。排煙関連施設を有するといった、前時期と比べ、窯が大幅に改良されることは、量や質にかかわる生産力の向上を図ろうとした意図を読み取ることができる。また、需要への対応として、鉢 a 類を中心とした器種に特化した窯も登場する。さらには、慶尚道地域においては、これまでとは異なる独自性

の高い窯も出現する。

　以上のことから、Ⅲ期における高麗陶器は、用途が拡大するとともに、需要の高まりもあったことがうかがえ、それに連動して、生産様相にも大きな変化があった。よって、統一新羅時代末期とは異なる、高麗時代特有の陶器生産における多様な変化をもって、この時期に「高麗陶器」が確立したといえよう。

　また、このような高麗陶器の画期は、高麗青磁・白磁と連動していた可能性を示唆できる。12世紀の高麗青磁とは、高麗陶磁時期区分における中期の始まりであり、高麗翡色青磁の成立・完成時期とされる（尹龍二 1991）。高麗青磁の生産様相からみた11世紀後半は、初期青磁様相から脱皮し、中型土築窯が全国的に分布するとともに、生産が急増する時期にあたる（李鍾玟 2004）。高麗白磁においても同じような時期に大きな変化をみることができる。11世紀末から12世紀初め頃にかけては、白磁の製作量が減るとともに、質が粗くなり、大規模に運営していた白磁窯が廃窯する一方で、地方青磁窯、康津・扶安（全羅道）で青磁とともに白磁も生産する時期にあたる（田勝昌 2009）。

　先述した内容もふまえつつ、12世紀を前後とした時期における高麗時代窯業全体の動向を整理すると次のようになる。

　高麗青磁は、前時期に比べ、製品の質が大きく飛躍した時期である。また、窯においても、初期の塼築窯から脱却し、土築窯に変化させる（韓貞華 2005）とともに、その分布を全国に展開させる（尹龍二 1991）。高麗白磁は、10〜11世紀には活発に生産したものの、12世紀になると、白磁専用の窯がほとんどなくなり、高麗青磁窯で少量の高麗白磁があるほど、生産量が減少する時期にあたる（田勝昌 2009）。

　このように、12世紀前後を境として、高麗青磁は活況を示す一方、高麗白磁は、高麗青磁に淘汰されたかのごとく、生産量の落ち込みがみられる。生産された高麗白磁の器種は、鉢や皿が中心であり（田勝昌 2009）、高麗青磁と比べるとごく限られた器種のみで、バリエーションが少ない。このようなことから、高麗白磁は、高麗青磁と棲み分けが図られた上で、需要の器種を生産したものと考えられる。

一方、高麗陶器においては、主要器種である壺類・鉢類・瓶類を主軸におきながら、甕や青磁・青銅器などを模倣した器種まで生み出している。模倣という意味では、高麗青磁の影響が少なからずあったことはうかがえる。しかし、質の低下や生産量の減少などといった高麗白磁とは異なり、高麗青磁の活発化によって高麗陶器の生産・消費が衰退する訳ではなかった。それとは逆に、青磁模倣の器種だけではなく、貯蔵に長けた主要器種に追加して、同等の用途と考えられる甕の器種を新たに生産しはじめるなど、「発展」の動きがみられる。

　すなわち、12世紀前後を境として、高麗青磁は活況するものの、高麗白磁は下火になるなかで、高麗陶器は生産をさらに発展にさせていくことになる。高麗陶器構造は、排煙関連施設を付設した新たな構造へ改良させ、生産する製品では、模倣したものや他から導入したものなど新たな器種をつくりはじめた。高麗陶磁器のなかでの生き残りをかけたのかもしれない。

　以上のことから、12世紀は、高麗時代における窯業生産全体においての大きな変化をうかがうことができるのである。高麗時代窯業全体の変化を生み出した社会的背景は、高麗という国家の成熟があったのではないかと考える。高麗の中国式官制を導入した国制整備は、10世紀半ばの光宗代に先便がつけられ、10世紀末の成宗代に大幅な進展をみせ、その後、整備されつつ、第11代文宗に至って基本的な完成をみたとされている（森平2017）。高麗の中央集権的な政治組織の確立は、社会の安定を生み出したものと考えられる。このような社会的状況の基盤があったことこそ、人びとの生活において需要が高かった高麗青磁や高麗陶器の生産の飛躍につながったことが考えられる。この時期は、絵画、宮廷音楽、梵鐘にも高麗的要素が強くみられ（森平2017）、これらの文化的進展があったことも、高麗青磁・陶器の動向を裏付ける根拠になり得るかもしれない。

終章　中世東北アジア陶磁史からみた高麗陶器

　陶磁史の視点でみると、高麗時代は、大きな画期があった時代である。高麗青磁が誕生したとされる時代である。高麗時代に中国からの技術を導入し、韓半島で陶磁史上、初めて磁器の生産に成功したといわれている。その後、高麗青磁の生産技術は高まりをみせ、ついには青磁の原産国というべき宋からも、高い評価を得るほどの翡色青磁を完成させるまでに至る。めざましい高麗青磁の発展・普及のなかで、統一新羅時代土器の流れを汲む高麗陶器もつくられている。

　本書では、この高麗陶器について、器種分類、編年、生産、消費をテーマにその特徴について明らかにしてきた。結果、高麗青磁という革新的技術が拡散していくなかで、高麗陶器はその特質を活かし、ときには新たな変化を取り入れながら、脈々と伝統的技術を維持していたことがわかった。

　高麗陶器の生産においては、地域や地形などの状況に応じながら、その場その場にあった窯を築造・運営していた。生産機能を向上させようとした動きもみることができる。生産施設である窯においては、高麗陶器生産・消費第2段階を境として、窯後方部に空間をもたせ、燃焼率の向上や作業の効率性を高める機能を有していたと考えられる排煙関連施設を有する窯が登場する。排煙関連施設だけではなく、地域によっては、窯前方に暗渠状排水溝や階段式床面など、各地域や各窯の単位で生産に対する工夫が随所にみられる。また、生産物である陶器に関しては、貯蔵という伝統的機能の需要に応えながらも、一方では、高麗青磁や銅器の需要を見据え、代替品としての模倣陶器の製作もおこなっている。このような流れのなかで、盤口瓶・壺には他の器種に先行して全面施釉の動きがみられる。伝統を継承しながら、随時、新たな技術を取り入れ

て高麗陶器を生産していた。時代に応じた対応をしていたことが垣間みえる。

　消費においては、高麗青磁には担えない用途について、高麗陶器でしか製作できない大型貯蔵という長所を通時的に発揮した。さらに、水や食物といった貯蔵だけではなく、ときには、埋納といった蔵骨器としての用途もはたすことになる。このような高麗陶器は、九州や琉球列島にまでも流入した。琉球列島に流入した一部の高麗陶器は、類須恵器（カムィヤキ）の誕生にも影響を与えるまでに至っている。

　高麗陶器の生産・消費からみると、上述のとおり、画期としては、Ⅲ期を位置づけることができる。生産面では、窯構造の顕著な変化とともに、生産器種の増加、さらには、特定器種のみを生産する窯の登場である。生産性の向上とともに、効率性の高い生産を目指していたことがうかがえる。この時期に消費において、大型壺は埋葬や蔵骨器としても利用され、用途の広がり、九州への流入の増加という変化が挙げられる。消費とともに、九州へもその分布がみられることから、流通圏が拡大したことが考えられる。

　このような高麗陶器の生産・消費の変化を、東北アジアにおける高麗における中世の特色として位置づけることとする。すなわち、生産の向上と消費や流通の拡大をもって、「中世的高麗陶器様式」の成立と考えたい。日本では、中国産陶磁器と国産の各種の壺・甕・すり鉢が広く普及する様相が加わってくる段階を「中世的食器様式」の成立としてとらえられており（宇野1989）、これに倣った考えである。高麗陶器は、中世日本の食器様式と同様な様相は示さないものの、中世東北アジアにおける食器体系の変化としては、類似した性質を有した変化として捉えることができる。よって、ここでは、陶器からみえる韓半島における中世の様相として、中世的高麗陶器様式を考えておきたい。

　「中世的高麗陶器様式」とはいかなるものか。「中世」と「高麗陶器様式」と用語をわけて、各々の概念を整理することで、定義づけを図っておく。

　まず、「中世」という性質についてである。上述したように、東北アジアの視点からみて、中世日本における食器類の変化と類似した性質を高麗陶器にも求められるため、あえて中世という用語をあてて用いている。日韓では、貿易

陶磁器の流入様相が異なるため、それに伴う食器構成の変化まで類似している訳ではないが、陶器生産から見る限り、同質性を少なくとも求めることができる。日本における中世の食器様式の背景には、それまでにない合理性と生産・流通の発達があるとされる（宇野 1989）。高麗陶器の場合、第２段階を境として、生産の合理性を見出せよう。すなわち、器種構成では、第１段階に存在した統一新羅時代から続く蓋・碗が消滅する一方、青磁や青銅器などを模倣した器種の生産が開始される。窯において、排煙関連施設という構造の改良を施すとともに、特定の器種に特化した窯や特異な形態の窯が登場する。これらのことは、生産の合理性としてとらえることができる。

　ただし、朝鮮史でいわれている「朝鮮中世」は、高麗時代から朝鮮時代（10〜16 世紀）をさすことが一般的であり（森平 2013）、本書で示した中世とはややかけ離れている。今後のさらなる比較検討が必要である。本書は、高麗陶器の生産と様相の時間的変遷より、画期を見出し、それを「中世」として区分できる可能性を指摘したものであり、一つの仮説を提示したに過ぎない。韓半島における「中世」の定義や時代区分論などについては、今後の課題であり、ほかの歴史学分野の研究成果と付き合わせながら、多角的視点から検討していく必要がある。

　次に「高麗陶器様式」についてである。あえて、様式という用語のまえに高麗陶器を付している。本来、様式を説くならば、同時代の食器の構成や組成などの特徴から導き出す必要があろう。しかしながら、高麗時代の場合は、一括性がある資料群が少なく、同時期における食器構成を把握することは困難である。一方で、高麗時代の食器類については、各々で研究が進められている状況がある。しかし、現状では、各食器類の多様な年代観を突き合わせ、それを統括するだけの力量を未だ持ち合わせていない。よって、本書で検討してきた結果をもとに、あえて、陶器のみを取り上げ、「高麗陶器様式」としている。本様式を構成する要素については後述する。

　ここで、高麗陶器を含む食器類における「高麗時代食器様式」に関する予察と、そこからみえる高麗陶器の特質を明らかにする。現状で一括性の高い資料

である泰安馬島2号船出土資料を例に挙げる。先述したように、馬島2号船は、共伴した木簡の内容から1200年前後に沈んだとされる（國立海洋文化財研究所 2011）。この年代は第2段階に該当し、当時の食器様式をある程度あらわしていることが予測できる。出土した食器類を宇野隆夫が提起する使用の場によって大別した、貯蔵具、煮炊具、調理具、食膳具に分ける（宇野 1989）。そこから、各々における食器の材質をみることで、高麗時代食器様式における高麗陶器の特質をより明確にすることがねらいである。馬島2号船出土資料を使用の場によって大別し、食器の材質別に整理したものが図7-1・2のようになる。なお、陶器以外の材質の器種名称について、報告書（國立海洋文化財研究所 2010）にしたがっている。

　高麗陶器には、器種でいうと壺、盤口壺、梅瓶、大型の貯蔵具と甑の煮炊具がある。高麗陶器以外の食器類では、材質でいうと、食膳具として青磁、青銅器、木製品があり、貯蔵具として青磁、煮炊具として鉄製品がある。なお、馬島2号船の船外から白磁が出土していることから、これを食膳具や貯蔵具にも追加できると考えられる。今のところ、貯蔵具には、高麗陶器と青磁がある。今後詳細な検討が必要ではあるが、高麗陶器と青磁の貯蔵具では、使用する階層に差があることが予測でき、同じ貯蔵具とはいえ、用途や価値などが異なると考えられる。今後のさらなる検討を通して、「高麗時代食器様式」を明確に位置づけることができればと考える。

　このような議論は別として、いずれにしろ、高麗陶器の特質といえることは貯蔵具に属する大型壺の存在であるといえる。他材質の食器類の貯蔵具と、容量を比較する限り、大型壺は圧倒的大きさを誇っている。高麗時代食器様式の観点からみると、大型壺こそ、他の材質では代替の効かない高麗陶器の特質の一つといっても過言でない。

　さらに、古代から中世における東北アジアの食器様式からみても、高麗陶器の特質の一つとして、大型器種である大型壺を挙げることができる。時間的変遷に伴う型式変化が大型壺に見出せるためである。古代・中世東北アジアにおいては、時間的変遷は、食器類の材質を問わず、坏類や碗類、皿類など小型器

終章　中世東北アジア陶磁史からみた高麗陶器　*215*

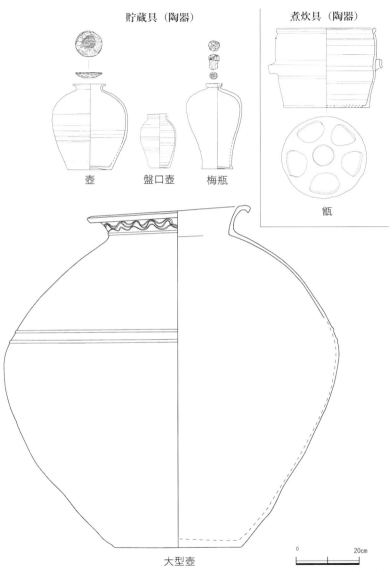

図 7-1　泰安馬島 2 号船出土資料からみえる中世的高麗陶器様式（國立海洋文化財研究所 2011 より転載、1/12）

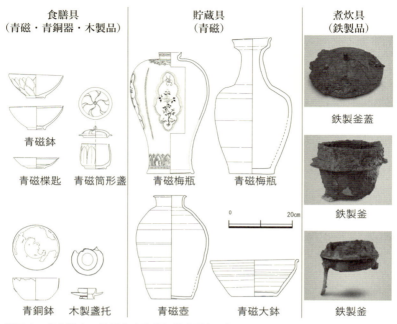

図 7-2 泰安馬島 2 号船出土陶器以外食器類（國立海洋文化財研究所 2011 より転載、実測図：1/12、写真の縮尺は任意）

種に型式変化がみられることが大半であり、それによって編年が構築されてきた。

　一方、高麗陶器は、多様な器種のなかで大きい部類である「大型壺」に変化がみられるのである。そもそも磁器の普及による碗類や坏類などの小型器種を陶器でつくる必要がないという背景があるものの、なぜ、「大型壺」は、全地域を通した一律的な型式変化がみられるのだろうか。大型壺の法量に関する分析では、量制といった強い規制はみられなかったものの、地域を越えた一律的変化をおこさせる強い働きに、やはり、国家や政権などといったいわゆる「官」の影響が一定程度働いていたことを想定せざるをえない。

　現状では、高麗陶器において、確実に「官窯」と断定に至る論拠はほとんどない。ただ、康津三興里窯跡の例をもとにすると、高麗青磁との関係から高麗

陶器にも「官」の要素があった可能性が示唆される。高麗時代の磁器所の一つに推定されている康津三興里窯跡E地区では、青磁窯に隣接して陶器窯が位置している。康津三興里E地区からは、高麗時代の王室で使用される薬を調合する官庁名である「尚薬局」銘が入った青磁が出土しており、官窯である可能性が指摘されている（曺銀精 2005）。同じE地区では、高麗陶器窯も所在しており、生産された器種をみると、青磁を模倣した盤口壺をはじめとして、多様な器種が発見されており（國立光州博物館 2004）、同時期の他に比べて豊富であるといった特徴をもつ。康津三興里E地区の青磁窯を官窯に位置づけるならば、同地区にある陶器窯にも何かしらの「官」の働きがあったと考える方が自然であろう。

　以上、韓半島南部における大型壺にみられる一律的な型式変化、官窯の性格が強いとされる青磁窯の同地区にある陶器窯の存在をもって、本書では、高麗陶器に少なからず「官」的要素があったことを想定しておきたい。

　このような課題は、高麗時代食器体系全体の課題でもある。研究が比較的進んでいるとされる高麗青磁においても、官窯なのか、民窯なのか、または地方豪族の窯なのか、明確な条件をもって、確実に断言できるまでには至っていないことが多い。高麗時代といった国家や地方の勢力など内部勢力だけではなく、元をはじめとする外部勢力までが入り交える社会において、高麗時代食器体系全体の視点に立ち、官的要素・民的要素の把握、各食器における位相差など、生産と消費の両面から明らかにする必要がある。そのためには、器にあらわれる製作技術や胎土などの詳細な観察も不可欠である。このことにより、生産窯や生産地域の特定にもつながり、流通の様相を明らかにできる。以上のような未解決な点に関しては、今後の大きな課題としておきたい。

　これまでに論じてきた高麗陶器の特質性をふまえつつ「中世的高麗陶器様式」について、最後に定義しておく。

　「中世的高麗陶器様式」とは、大型壺Ⅲ・Ⅳ類に該当し、高麗陶器の生産・消費段階における第2段階に成立した高麗陶器様式のことである。その特徴として、器種構成は、大型壺をはじめとする壺類や鉢類、瓶類など貯蔵に特化し

た器種を基本とする。壺類や瓶類の一部には、青磁や青銅器などの模倣した器種である盤口壺、梅瓶などがある（図7-1）。また、周辺国との関係があったと考えられる甕も貯蔵具として加わる。煮炊具としては、前時代から続く甑が継続して存在する。

　本様式の成立の背景には、高麗陶器の需要の高まりと生産性の効率化があったものと考えられる。この時期に、大型壺には埋葬といった用途の拡大があり、さらに国外である北部九州への消費・流通が増加している。また、大型壺においては小型化の傾向がみられはじめ、漕運制度の成熟に伴い、より運搬しやすくするためのあらわれであると考えられる。すなわち、高麗陶器が広域に流通したことがうかがえ、以前の時期に比べ、高麗陶器が商品化した可能性が高い。この時期に、青磁や青銅器などの器種を陶器で模倣して生産したことや、国外である九州に流通したことなどは、商品化した結果であると考えた方が理解しやすい。また、このような需要の高まりは生産性の効率化を生み出すこととなる。12世紀頃から窯構造では排煙関連施設が附設され、特定器種に特化した窯や慶尚道にみられる地方特有の窯が出現するのもこの時期からである。すなわち、高麗陶器の生産・消費における2段階において、窯構造の改良や多様な器種分化、大型壺の小型化などといった合理性が随所に認められると同時に、それは生産の発達と消費の拡大ともいえ、中世的性格を帯びているといえる。

　これまでの先行研究では、高麗陶器は、高麗青磁に押され、生産の萎縮があったと指摘されていることもある。しかし、本書では、決して生産を萎縮させたのではなく、高麗陶器の生産・消費をみると、生産を効率的に継続していたと結論づけたい。すなわち、高麗青磁が導入され、製作・生産技術を発展させ、高麗時代の食器類の代表格になっていくなかで、高麗陶器は貯蔵という特質を見事に活かしていったのである。このような高麗陶器の流れが朝鮮時代甕器へと継承されていき、現代の甕器へとつながっているといえよう。

　中世東北アジアにおいて、陶磁史は、磁器を中心に研究が進められている。生産・消費において位階性が認められる磁器は、当時の社会を復元するために

終章　中世東北アジア陶磁史からみた高麗陶器　219

大きな手がかりの一つとなろう。一方で、陶器は、中世東北アジア全般において、貯蔵としての機能を有することが大きな特徴の一つである。それ以上でもそれ以下でもないといったところである。

　しかし、本書で試みたように、陶器は陶器にしかない機能を活かして、延々と生産・消費がなされている。磁器や銅器、木器などの中世における器体系のなかで、陶器としての、陶器にしかできない役割があるはずである。国や地域によって、陶器に対する需要の高まりや需要への対応はさまざまである。高麗陶器のほかで例を挙げるならば、類須恵器（カムィヤキ）である。琉球列島という地域的特徴のなか、陶器への需要の高まりが、類須恵器（カムィヤキ）を誕生させたものであり、社会へも影響を与えるほどのものであった。

　今後、中世東北アジアの陶磁史において、陶器という視点からみることにより、新たな歴史的事実を発掘できるのではないかと考える。食器体系のなかで、各素材との各々の機能を活かしながらも、横のつながりもあったことが大いに考えられる。陶器という素材の考古学的研究を通して、新たな陶磁史、窯業史などが描き出されることを期待したい。

参考文献

[日本語]
論文
赤司善彦 1991「朝鮮製無釉陶器の流入─高麗期を中心として─」『九州歴史資料館研究論集』16　九州歴史資料館、53-66 頁
赤司善彦 1999「徳之島カムィヤキ古窯跡採集の南島陶質土器について」『九州歴史資料館研究論集』24　九州歴史資料館、49-62 頁
赤司善彦 2007「高麗時代の陶磁器と九州および南島」『東アジアの古代文化』130　大和書房、118-131 頁
浅川巧 2004『朝鮮陶磁名考　復刻版』草風館
池田榮史 2005「類須恵器とカムィヤキ古窯跡群─その名称をめぐって─」『肥後考古』13、93-102 頁
池田榮史 2009「カムィヤキの生産と流通」『中世東北アジアの周縁世界』同成社、44-56 頁
尹龍二著・片山まび訳 1998「高麗陶器の変遷と特色」『韓国陶瓷史の研究』淡交社
今井敦 2011「盤口瓶」『角川日本陶磁大辞典　普及版』角川学芸出版、1131 頁
江上正高 2010「門前遺跡未報告資料について」『門前遺跡Ⅲ・武辺城跡Ⅱ』長崎県教育委員会、61-74 頁
江上正高 2012「肥前における高麗陶器の様相」『西海考古』8、151-158 頁
臼杵勲 2012「契丹の地域土器生産」『札幌学院大学人文学会紀要』91、47-67 頁
宇野隆夫 1989『考古資料にみる古代と中世の歴史と社会』真陽社
岡田裕之 2003「北部九州における須恵器生産の動向─牛頸窯跡群の検討を中心として─」『古文化談叢』49、147-175 頁
小山冨士夫 1961「高麗陶磁序説」『世界陶磁全集』13、河出書房、220-226 頁
片山まび 2005「朝鮮時代の陶器について」『16・17 世紀における九州陶磁をめぐる技術交流』第 15 回九州近世陶磁学会資料　九州近世陶磁学会、203-223 頁
片山まび 2013「高麗・朝鮮時代の陶磁器生産と海外輸出」『アジア考古学Ⅰ　陶磁器流通の考古学─日本出土の海外陶磁─』アジア考古学四学会　高志書院、177-198 頁
片山まび 2018「朝鮮時代の「甕器」について」『壺屋焼物博物館紀要』19、23-32 頁

川畑敏則 2020「高麗無釉陶器について」『竹松遺跡Ⅴ』長崎県教育委員会、533-534 頁
韓惠先 2005「高麗陶器の生産と流通」『貿易陶磁研究』25、75-91 頁
韓盛旭 2005「高麗後期青瓷の生産と流通」『貿易陶磁研究』25、53-63 頁
韓貞華 2005「高麗時代の陶窯址の性格」『貿易陶磁研究』25、17-27 頁
北村秀人 1978「高麗初期の漕運についての一考察―『高麗史』食貨志漕運の条所収成宗十一年の輸京価制定記事を中心に―」『古代東アジア史論集』上巻、末松保和博士古稀記念会編　吉川弘文館、321-367 頁
吉良文男 2010「甕器と高麗時代の陶器」『古陶の譜 中世のやきもの―六古窯とその周辺―』Miho Museum、60-63 頁
金建洙 2011「高麗時代の食生活―動物遺体を中心に―」『動物考古学』28、35-43 頁
佐藤一郎 2006「高麗と博多―平安後期の出土遺物から」『福岡市博物館研究紀要』16、15-26 頁
徐兢著・朴尚得訳 1995『高麗図経』国書刊行会
新里亮人 2003「徳之島カムィヤキ古窯産製品の流通とその特質―付 カムィヤキ出土遺跡地名表―」『先史学・考古学論究』Ⅳ 龍田考古会、387-413 頁
新里亮人 2004「カムィヤキ古窯の技術系譜と成立背景」『グスク文化を考える』今帰仁村教育委員会、325-352 頁
新里亮人 2018『琉球王国成立前夜の考古学』同成社
新里亮人 2020「徳之島の窯業生産からみた琉球列島と韓半島の交流」『海港都市文化交渉学』韓國海洋大學校國際海洋問題研究所、21-46 頁
曺銀精 2005「高麗前期青磁の生産と流通」『貿易陶磁研究』25、28-38 頁
武田幸男 2000「高麗王朝の興亡と国際情勢」『朝鮮史』山川出版社、115-164 頁
田中良之 1982「磨消縄文土器伝播のプロセス―中九州を中心として―」『森貞次郎博士古稀記念古文化論文集』上、482-505 頁
田中史生 2012「7～11 世紀の奄美と沖縄諸島と国際交易」『国際交易と古代日本』吉川弘文館、214-253 頁
主税英徳 2013「高麗陶器大型壺の分類と編年―生産からみた画期―」『古文化談叢』70、223-241 頁
主税英徳 2016a「高麗陶器の盤口瓶・壺の編年試論―口縁部形態を中心に―」『原禪金大煥컬렉션』霊岩郡、136-148 頁
主税英徳 2016b「九州出土の高麗陶器」『考古学は科学か―田中良之先生追悼論文集―』下巻 中国書店、927-943 頁
主税英徳 2017「高麗陶器生産に関する一試考」『考古学・博物館学の風景―中村浩先生古稀記念論文集―』芙蓉書房出版、227-236 頁
主税英徳 2018「大宰府出土の高麗陶器」『大宰府の研究』大宰府史跡発掘 50 周年記念論文集刊行会編　高志書院、691-700 頁

主税英徳 2021「盤口形口縁をもつ高麗陶器の器種と編年試案」『持続する志―岩永省三先生退職記念論文集』下巻　中国書店、541-555 頁
主税英徳 2022「高麗陶器からみた中世東北アジアの交流の解明に向けた基礎的研究」『考古学ジャーナル』775、38-40 頁
主税英徳 2023a「高麗陶器窯構造の検討―楊広道地域を中心に―」『地理歴史人類学論集』12　琉球大学国際地域創造学部地域文化科学プログラム、93-108 頁
主税英徳 2023b「高麗陶器器種構成の変遷―窯跡出土資料を中心に―」『貿易陶磁研究』43、1-17 頁
田勝昌 2005「高麗白磁の窯跡と消費地遺跡出土遺物の考察」『貿易陶磁研究』25、64-78 頁
中島恒次郎 2008「大宰府と南島社会―グスク社会形成起点―」『古代中世の境界領域』高志書院、171-198 頁
西弘海 1982「土器様式の成立とその背景」『考古学論考』小林行雄博士古稀記念論文集刊行委員会、447-471 頁
野守健 1944『高麗陶磁の研究』清閑舎（再版　1972『高麗陶磁の研究』国書刊行会）
朴成南 2022『統一新羅土器様式の研究』雄山閣
降矢哲男 2002「韓半島産陶磁器の流通―高麗時代の青磁を中心に―」『貿易陶磁研究』22、138-167 頁
堀内和宏 2016「肥前平氏と薩摩・南島との交流について」『9〜11 世紀における大村湾海域の展開―東アジア世界の中の竹松遺跡―』、平成 28 年度長崎県考古学会大会発表要旨集・基本資料集、91-97 頁
前川威洋 1975「六、遺物 9. 雑器」『福岡南バイパス関係埋蔵文化財調査報告』2、福岡県教育委員会、40-44 頁
宮本一夫・俵寛司 2002「ベトナム漢墓ヤンセ資料の再検討」『国立歴史民俗博物館研究報告』97、123-191 頁
望月精司 2010a「論文作成における用語の統一について」『古代窯業の基礎研究』真陽社、ⅲ-ⅵ頁
望月精司 2010b「窖窯構造をもつ須恵器窯跡の各部位構造とその理解」『古代窯業の基礎研究』真陽社、41-80 頁
森平雅彦 2008「日麗貿易」『中世都市・博多を掘る』海鳥社、100-105 頁
森平雅彦 2013「本書のねらい」『中近世の朝鮮半島と地域交流』東アジア海域叢書　汲古書院、ⅲ〜ⅸ頁
森平雅彦 2017「高麗前期・高麗後期」『世界歴史大系　朝鮮史 1―先史〜朝鮮王朝―』李成市ほか編　山川出版社、169-287 頁
山本孝文 2017『古代朝鮮の国家体制と考古学』吉川弘文館
山本信夫 2000「日本出土 10〜12 世紀高麗陶器甕・壺及び日本、中国、東アジアの比較」

『第3의伝統甕器의 源流를 찾아서』梨花女子大學校博物館特別展記念學術大会發表資料集、93-99頁
山本信夫 2003「東南アジアに海域における無釉陶器」『貿易陶磁研究』23、76-89頁
吉岡康暢 2002「南島の中世須恵器―中世初期環東アジア海域の陶芸交流」『国立歴史民俗博物館研究報告』94、409-437頁

報告書

石田町文化財保護協会 2001『原の辻遺跡』石田町文化財保護協会 2
伊仙町教育委員会 2005『カムィヤキ古窯跡群Ⅳ』伊仙町埋蔵文化財発掘調査報告書 12
伊仙町教育委員会 2010『川嶺辻遺跡』伊仙町埋蔵文化財発掘調査報告書 13
伊仙町教育委員会 2018『前当り遺跡・カンテナ遺跡』伊仙町埋蔵文化財発掘調査報告書 17
糸満市教育委員 1981『糸満市の遺跡―詳細分布調査報告書―』糸満市文化財調査報告書 1
大野城市教育委員会 2014『川原遺跡 3―第 4 次調査―』大野城市文化財調査報告書 119
喜界町教育委員会 2009『城久遺跡群 山田半田遺跡』喜界町埋蔵文化財発掘調査報告書 10
喜界町教育委員会 2013『城久遺跡 大ウフ遺跡・半田遺跡』喜界町埋蔵文化財発掘調査報告書 12
喜界町教育委員会 2015『城久遺跡群―総括報告書―』喜界町埋蔵文化財発掘調査報告書 17
九州歴史資料館 1990『大宰府史跡 平成元年度発掘調査概報』
九州歴史資料館 2007『観世音寺―遺物編 1―』
太宰府市教育委員会 1996『大宰府条坊跡Ⅸ』太宰府市の文化財 30
太宰府市教育委員会 1997『筑前国分寺跡Ⅰ』太宰府市の文化財 32
太宰府市教育委員会 1998『大宰府条坊跡Ⅹ』太宰府市の文化財 37
太宰府市教育委員会 1999『大宰府条坊跡ⅩⅡ―大宰府条坊跡第 149 次調査―』太宰府市の文化財 43
太宰府市教育委員会 2002『大宰府条坊跡 21 ―第 156・157・158 次調査―』太宰府市の文化財 61
太宰府市教育委員会 2004『大宰府条坊跡 25 ―第 230 次調査―』太宰府市の文化財 75
太宰府市教育委員会 2008『大宰府条坊跡 35 ―第 248 次・第 248 次調査（その 2）―』太宰府市の文化財 96
長崎県上県町教育委員会 1996『大石原遺跡』上県町文化財調査報告書 1
長崎県松浦市教育委員会 1998『松浦・今福遺跡』松浦市文化財調査報告書 14
長崎県美津島町教育委員会 1999『水崎遺跡』美津島文化財調査報告書 8

長崎県美津島町文化財保護協会 2001『水崎（仮宿）遺跡』長崎県美津島町文化財保護協会 1
長崎県峰町教育委員会 1993a『大田原ヤモト遺跡』峰町文化財報告書 10
長崎県峰町教育委員会 1993b『木坂海神神社弥勒堂跡―発掘調査報告書―』峰町文化財報告書 11
長崎県教育委員会 1998『大浜遺跡』長崎県文化財調査報告書 141
長崎県教育委員会 2003『県内主要遺跡内容確認調査報告書Ⅵ』長崎県文化財調査報告書 172
長崎県教育委員会 2012『中ノ瀬遺跡』長崎県佐世保文化財調査事務所調査報告書 7
長崎県教育委員会 2017a『竹松遺跡』長崎県文化財調査報告書 214
長崎県教育委員会 2017b『竹松遺跡 1』新幹線文化財調査事務所調査報告書 4
長崎県教育委員会 2017c『竹松遺跡Ⅲ』新幹線文化財調査事務所調査報告書 6
長崎県教育委員会 2019『竹松遺跡Ⅳ　下巻　古代・中世編』新幹線文化財調査事務所調査報告書 11
長崎県教育委員会 2020『竹松遺跡Ⅴ』新幹線文化財調査事務所調査報告書 12
久山町教育委員会 2012『首羅山遺跡　発掘調査報告書』久山町文化財調査報告 16
福岡県教育委員会 1975『福岡県南バイパス関係埋蔵文化財調査報告』2
福岡県教育委員会 1976『福岡県南バイパス関係埋蔵文化財調査報告』3
福岡市教育委員会 1992『立花寺 1』福岡市埋蔵文化財調査報告書 272
福岡市教育委員会 1993a『博多 34 ―博多遺跡群第 56 次発掘調査報告―』福岡市埋蔵文化財調査報告書 326
福岡市教育委員会 1993b『鴻臚館跡Ⅲ』福岡市埋蔵文化財調査報告書 355
福岡市教育委員会 1995『博多 45 ―博多遺跡群第 77 次調査の概要―』福岡市埋蔵文化財調査報告書 394
福岡市教育委員会 1996『博多 53 ―博多遺跡群第 71 次調査の概要―』福岡市埋蔵文化財調査報告書 450
福岡市教育委員会 1997『博多 57 ―博多遺跡群第 85 次調査の概要―』福岡市埋蔵文化財調査報告書 522
福岡市教育委員会 2005『博多 102 ―博多遺跡群第 142 次調査の概要―』福岡市埋蔵文化財調査報告書 848
福岡市教育委員会 2009a『史跡鴻臚館跡　鴻臚館跡 18 ―谷（堀）部分の調査―』福岡市埋蔵文化財調査報告書 1022
福岡市教育委員会 2009b『博多 129 ―博多遺跡群第 171 次調査報告―』福岡市埋蔵文化財調査報告書 1041
福岡市教育委員会 2010a『博多 133 ―博多遺跡群第 180 次調査報告―』福岡市埋蔵文化財調査報告書 1045

福岡市教育委員会 2010b『博多 139 —博多遺跡群第 186 次調査の概要—』福岡市埋蔵文化財調査報告書 1090

福岡市教育委員会 2019『箱崎 58 —箱崎遺跡群第 84 次発掘調査報告—』福岡市埋蔵文化財調査報告書 1373

福岡市教育委員会 2021『博多 174 —博多遺跡群第 223 次調査の概要—』福岡市埋蔵文化財調査報告書 1417

三島村・鹿児島国際大学考古学研究室 2021『三島村黒島　大里遺跡 2』平成 29 年度三島村・鬼界カルデラジオパーク黒島関連調査に係る大里遺跡第 2 次発掘調査

三島村教育委員会 2015『黒島平家城遺跡　大里遺跡ほか』村内遺跡発掘調査等事業報告書

和泊町教育委員会 2020『大当遺跡』和泊町埋蔵文化財発掘調査報告書 9

［韓国語］　※著者名・発行機関名などを日本語読みで五十音順とした。
　　　　　　ハングルは便宜上極力漢字に変換した。

論文

尹龍二 1991「高麗時代 질그릇（陶器）의 變遷과 特色」『高麗時代질그릇』延世大學校博物館、117-127 頁

片山まび 2012「朝鮮前期 甕器와 日本 薩摩燒의 비교 연구 - 堂平窯를 중심으로」『문물』2　韓國文物研究院、131-174 頁

姜熙天 1991「高麗土器의 基礎的研究（Ⅰ）—定林寺址、天德寺址出土品을 中心으로—」『鄕土文化』6　鄕土文化研究会、39-63 頁

姜敬淑 2005『韓國陶磁器窯跡研究』시공사

姜景仁・鄭昌柱 2001「全南 靈岩 鳩林里 土器窯址 出土 土器片의 自然科學的 分析」『史蹟 338 號 靈岩 鳩林里 土器窯址 2 次發掘調査報告書』、63-84 頁

韓惠先 2001『京畿地域 出土 高麗時代질그릇研究』壇国大學校大學院碩士学位論文

韓惠先 2003「京畿地域 出土 高麗時代 貯藏・運搬用 질그릇 研究」『韓國上古史學報』40、77-116 頁

韓惠先 2007「始興芳山洞陶器窯址의　運營時期」『湖西史學』48、湖西史學會、341-368 頁

韓惠先 2009「高麗陶器의 生産과 流通」『高麗陶瓷新論』學研文化社、213-232 頁

韓惠先 2011「高麗時代 陶器扁瓶의 時期区分과 特徵」『忠北文化財研究』5、忠清北道文化財研究院、111-135 頁

韓惠先 2012a「文獻記錄을 通해 본 瓦器・陶器・甕器의 用例와 相互關係」『歷史와 談論』64、199-235 頁

韓惠先 2012b「馬島 1・2 号船 出水 高麗時代 陶器의 用途와 量制」『海洋文化財』5、國立海洋文化財研究所、99-154 頁

韓惠先 2019『高麗 陶器 研究』역락

韓惠先 2020「高麗時代 盤口長頸瓶의 材質間 形態 共有 樣相과 特徵」『韓國中世史研究』韓國中世史學會、193-220 頁
金成泰 2005「建物址 出土 地鎭・鎭壇具의 檢討」『嶺南文化財研究』18、27-62 頁
金女珍 2007『高麗時代 陶器生産施設과 生産品에 대한 研究』韓神大學校大學院碩士論文
김소라 2019『高麗時代 陶器窯構造와 變遷』木浦大學校大學院碩士論文
김태홍 2017「11～16 世紀陶器窯의 變遷過程과 意味」『韓國上古史學報』98、128-158 頁
김하나 2018「Ⅴ. 考察 3. 高麗時代 가. 生活遺構 3) 埋納陶器」『榮州金光里遺蹟』韓國文物研究院、87-89 頁
김영진 1991「황해남도 봉천군 원산리 청자기가마터 발굴 간략보고」『조선고고연구』1991-2、사회과학출판사、2-9 頁
김영진 2003『도자기가마터발굴보고』白山資料院
吳厚培 2003「시루의 形式分類와 変遷過程에 関한 試論」『湖南考古學報』17 輯湖南考古學會、41-82 頁
崔健 1987「統一新羅・高麗時代의 陶器에 관하여―특히 器種別材料와 質의 変遷을 中心으로―」『統一新羅・高麗질그릇』梨花女子大學校博物館、113-116 頁
崔喆熙 2003『高麗時代 질그릇의 型式分類와 變遷過程―瓶・壺・大甕을 中心 으로―』韓神大學校大學院碩士論文
崔淑卿 1987「序」『統一新羅・高麗질그릇』梨花女子大學校博物館、3-4 頁
朱榮民 2004『高麗時代墳墓研究―陶器編年을 中心으로―』新羅大學校大學院碩士学位論文
朱榮民 2011「高麗墳墓 出土 陶器의 性格」『忠北文化財研究』5、忠淸北道文化財研究院、7-40 頁
徐知英 2009「高麗黑磁 生産地와 生産品와 特徵」『高麗陶瓷新論』学研文化社、187-210 頁
徐美星 1989『高麗時代 陶器瓶에 関한 研究』壇國大學校大學院碩士論文
申鍾國 2012「高麗 沈没船 出水 陶器壺의 型式分類와 編年」『海洋文化財』國立海洋文化財研究所、57-95 頁
宋閏貞 2007「Ⅵ. 考察 2. 遺物 1) 土器」『龍仁彦南里―統一新羅 生活遺蹟』、韓神大學校博物館、301-319 頁
서승희 2017『高麗時代 楊広道 地域 陶器 窯 研究』漢陽大學校大學院碩士論文
玉城真紀子 2021「高麗時代 埋納陶器의 관한 考察」『學術大会 海洋出水高麗陶器의 製作과 使用』國立海洋文化財研究所、48-79 頁
張南原 2000「高麗時代의 陶器와 青磁」『第 3 의 伝統、甕器의 源流를 찾아서』梨花女子大學校博物館、176-185 頁
鄭明鎬 1986「高麗時代의 질그릇（土器）」『考古美術』171・172 韓国美術史學会、90-117 頁

田勝昌 2009「高麗白磁 窯址의 消費遺跡 出土遺物 考察」『高麗陶瓷新論』學研文化社、159-183頁
朴淳發 2000「羅末麗初 土器 編年 豫考」『韓國古代史와 考古學』鶴山金廷鶴博士頌壽記念論叢学研文化社、558-603頁
朴淳發 2002「考察─羅末麗初時期 土器 磁器 樣相」『永同 稽山里遺蹟』忠南大學校博物館百濟研究所、180-182頁
박미욱 2006『高麗土壙墓 研究─副葬樣相을 中心으로─』釜山大學校大學院碩士学位論文
한정희 2011「高麗時代 墳墓 出土 陶器의 特徵」『忠北文化財研究』5、忠清北道文化財研究院、73-106頁
邉永煥 2007『羅末麗初土器 研究─保寧眞竹里遺蹟 出土遺物을 中心으로─』忠南大學校大學院碩士学位論文
윤희경 2011「高麗時代 陶器窯의 変遷에 관한 研究」『文物』創刊号、韓國文物研究院、67-93頁
柳基正 2005「羅末麗初～高麗時代 土器窯의 變遷過程과 井洞里 土器窯의 操業時期」『扶餘井洞里遺蹟』、忠清文化財研究所、246-247頁
羅善華 1999「鳩林里陶器窯址發掘調査의 意義」『霊岩의 土器伝統』霊岩陶器文化센터 第1回學術大會發表資料 霊岩郡・梨花女子大學校博物館、5-14頁
李鍾玟 2004「高麗時代青磁窯의 構造와 生産方式考察」『韓國上古史學報』45、韓國上古史學會、71～105頁
李尚姫 2005『高麗墳墓 出土 緑青磁의 編年的研究─嶺南地方을 中心으로─』釜山大學校大學院碩士学位論文

報告書

예맥文化財研究院 2020『春川昭陽道遺蹟Ⅱ』
圓光大學校馬韓・百済文化研究所 2001『鎮安龍潭댐水没地区内文化遺跡發掘調査報告書Ⅴ壽川里高麗古墳群外』
海剛陶磁美術館 2001『芳山大窯─始興市 芳山洞 初期青磁・白磁窯址 発掘調査報告書─』
海剛陶磁美術館 2004『始興芳山洞陶器窯址』
韓國先史文化研究院 2008『鎭川校成里南山遺蹟』
韓國先史文化研究院 2018『廣州陶雄里遺蹟』
韓國文化財研究院 2020『平澤東朔洞 410-1 番地遺蹟』
韓國文化財保護財団 2001『陰城梧弓里・文村里遺蹟』
韓國文化財保護財団 2005『龍仁 東栢宅地開發事業地区内 龍仁 東栢里・中里遺蹟』
韓國文物研究院 2012『梁山内松里高麗陶器窯址』

韓國文物研究院 2018『梁山東面内松里遺蹟』
韓神大學校博物館 2003『龍仁麻北里寺址』
韓神大學校博物館 2004『龍仁星福洞統一新羅窯址』
韓神大學校博物館 2010『華城佳才里中世遺蹟』
韓南大學校中央博物館 2003『大田 老隠洞遺蹟』
韓白文化財研究院 2009『加平新川里遺蹟』
漢陽大學校博物館 1993『高陽中山地區文化遺跡』
漢陽大學校博物館 1995『抱川永松里先史遺蹟 發掘調査報告書』
漢陽大學校博物館 2006『安山大阜島六谷高麗古墳群 發掘調査』
畿湖文化財研究院 2009『龍仁農書里遺蹟』
畿湖文化財研究院 2010a『金浦馬松遺跡Ⅲ』
畿湖文化財研究院 2010b『華城 汾川里遺跡』
畿湖文化財研究院 2019『居昌士屛里　馬上里遺蹟』
畿湖文化財研究院 2020『大邱循環建設區間文化遺産』3　大邱屯山洞遺跡 1
畿甸文化財研究院 2003『元香寺』
畿甸文化財研究院 2005『龍仁宝亭里소실遺跡　試・發掘調査報告書』
畿甸文化研究院 2006『龍仁寳亭里青瓷窯址』
畿甸文化財研究院 2007『高達寺Ⅱ』
畿南文化財研究院 2017『安城照日里遺蹟』
京畿道博物館 2006『安城高麗梅山里古墳群』
京畿文化財研究院 2009『安城萬井里선기遺蹟』
京畿文化財研究院 2014『高達寺Ⅲ』
百濟文化財研究院 2011a『大田元新興洞遺蹟』
百濟文化財研究院 2011b『大田上坌洞 (중동골・양촌) 遺蹟 (Ⅲ)』
慶尚北道文化財研究院 2001『尚州屛城洞古墳群』
慶尚北道文化財研究院 2002『金泉大聖里窯址』
慶尚北道文化財研究院 2005『浦項虎洞遺跡Ⅰ (Ⅰ地區)』
慶尚北道文化財研究院 2007『高霊快賓里遺蹟』
慶尚北道文化財研究院 2008『星州上彦里遺蹟』
慶尚北道文化財研究院 2011『大邱新西革新都市 B-13 北區域遺蹟』
慶尚北道文化財研究院 2019『浦項法光寺址 發掘調査中間報告Ⅳ』
慶南大學校博物館 1994『清道 蕒池里 甕器 가마터』
慶南発展研究院歴史文化센터 2018『義城現山里遺蹟』
慶熙大學校中央博物館 2013『龍仁魚肥里遺蹟』
겨레문화유산연구원 2018『始興長峴遺蹟Ⅲ』
建国大学校博物館 1998『燕岐郡月山里古墳群』

江原文化財研究所 2006『春川牛頭洞 707-1, 35 番地遺蹟發掘調查報告書』
江原文化財研究院 2008『泉田里―B 地區―』
江原文化財研究所 2018『春川槿花洞 206 番地遺蹟』
公州大學校博物館 2000『佳橋里陶器窯址』
高麗大學校考古環境研究所 2005『道三里遺蹟』
高麗文化財研究院 2009『坡州東牌里遺蹟』
高麗文化財研究院 2010『利川松界里遺蹟』
國立海洋文化財研究所 2010『泰安馬島 1 号船』
國立海洋文化財研究所 2011『泰安馬島 2 号船』
國立海洋文化財研究所 2012『泰安馬島 3 号船』
國立海洋文化財研究所 2016『泰安馬島 4 号船』
國立海洋文化財研究所 2021『學術大会　海洋出水高麗陶器의 製作과 使用』
國立光州博物館 2004『康津三興里窯址Ⅱ』
國立清州博物館 2001『清州明岩洞遺跡 (Ⅱ) － 1999 年度 試掘 및 發掘調查報告書』
國立中原文化財研究所 2010『春川返還米軍基地敷地内敷地内遺蹟標本試掘調查報告書』
國立文化財研究所 2001『將島清海鎭遺蹟發掘調查報告書Ⅰ』
國立文化財研究所 2011『景福宮発掘調查報告書　光化門址・月臺址、御道址』
湖南文化財研究院 2004『羅州 雨山里窯址』
湖南文化財研究院 2005『淳昌院村・官坪遺蹟』
湖南文化財研究院 2006『長興上芳村 B 遺蹟』
湖南文化財研究院 2020『仁川黔丹麻田洞・元堂洞・不老洞遺蹟―不老洞Ⅰ―』
濟州考古學研究所 2019『濟州缸坡頭里城内城Ⅱ』
濟州考古學研究所 2020『濟州缸坡頭里城内城Ⅲ』
濟州考古學研究所 2021『濟州市一徒一洞 1300-26 番地遺蹟』
三江文化財研究院 2012『晋州鼎村高麗・朝鮮集落址』
西京文化財研究院 2015『仁川壽山洞遺蹟』
聖林文化財研究院 2019『安東場基里・道津里・二松川沙里・金渓里遺蹟』
世宗文化財研究院 2019『浦項 南城里古墳』
全北文化財研究院 2011『金堤長華洞遺蹟』
大慶文化財研究院 2008『青松眞安里遺蹟』
大東文化財研究院 2014『奉化昌坪里山 2-1 遺蹟』1
壇國大學校博物館 2006『坡州惠陰院址発掘調查報告書―1 次～4 次（Ⅰ）―』
中央文化財研究院 2004『報恩富壽里古墳群』
中央文化財研究院 2007『驪州安金里遺蹟』
中央文化財研究院 2008『安城梧村里遺蹟』
中央文化財研究院 2011a『大田 佳水院洞・道安洞遺蹟』

中央文化財研究院 2011b 『坡州雲井（２）宅地開發地區内　坡州雲井新都市遺蹟Ⅰ』
中央文化財研究院 2011c 『燕岐葛雲里遺蹟Ⅰ』
中央文化財研究院 2011d 『燕岐葛雲里遺蹟Ⅲ』
中央文化財研究院 2018 『陰城梧仙里遺蹟』
中央文化財研究院 2019a 『仁川黔丹元堂洞麻田洞遺蹟―元堂洞Ⅰ―』
中央文化財研究院 2019b 『龍仁德成里遺蹟』
中原文化財研究院 2013 『忠州永德里・堤川社谷里・渭林里遺蹟』
中部考古學研究所 2012 『原州月松里遺蹟』
中部考古學研究所 2016 『平澤古念里遺蹟』
中部考古學研究所 2018 『龍仁古梅洞遺蹟』
忠清南道歷史文化院 2004 『天安佛堂洞遺蹟』
忠清文化財研究所 2005 『唐津大雲山里후구마루遺蹟』
忠清北道文化財研究院 2010a 『忠州水龍里산막골遺蹟』
忠清北道文化財研究院 2010b 『鎭川會竹里遺蹟Ⅱ』
忠清南道歷史文化院 2004 『天安佛堂洞遺蹟』
忠清南道歷史文化研究院 2008 『瑞山禮川洞遺蹟』
忠清文化財研究院 2009 『牙山長在里・대추리・연화동遺蹟』
忠清埋藏文化財研究所 2000 『瑞山舞將里窯址』
忠南大學校博物館 2006 『弓洞』
忠北大學校博物館 2004 『清州鳳鳴洞遺蹟（Ⅲ）』
東國大學校博物館 2006 『驪州 금강레져 골프장 부지내 遺蹟 發掘調査 報告書』
朝鮮官窯博物館 2006 『安城和谷里窯址―朝鮮白磁및 高麗陶器窯址 試・發掘調査報告書―』
東亞細亞文化財研究所 2014 『蜜陽美田複合遺蹟Ⅲ』
東亞細亞文化財研究院 2018a 『全州孝子洞複合遺蹟』
東亞細亞文化財研究院 2018b 『忠州虎岩洞複合遺蹟Ⅰ』
東西綜合文化財研究院 2019 『驪州月下洞월성遺蹟』
東北亜支石墓研究所 2011 『和順龍江里遺蹟』
누리考古學硏究所 2018 『龍仁金魚열두마지기골遺蹟』
한성문화재연구원 2021 『平澤細橋洞遺蹟』
佛教文化財研究所 2019 『三陟興田里寺址Ⅲ』
扶餘文化財研究所 1995 『禪雲寺東佛菴』
釜山女子大學校博物館 1987 『居昌壬佛里天德寺』
釜山大學校博物館 2002 『金海大淸遺蹟』
文化公報部・文化財管理局 1985 『莞島海底遺物（発掘報告書）』
文化財管理局文化財研究所 1989 『彌勒寺遺蹟發掘調査報告書Ⅰ』

明知大學校博物館 1994『龍仁佐恒里高麗古墳群 發掘調査報告書』
明知大學校博物館 2008『龍仁麻城里마가실遺跡 試掘調査報告書』
明知大學校博物館 2014『龍仁西里동장골・사기막골 遺蹟』
民族文化遺産研究院 2019『靈岩鳩林里陶器窯場 3次・4次發掘調査報告書』
木浦大學博物館 2008『長興上芳邑 A 遺蹟Ⅱ─建物址─』
영해文化遺産研究院 2016『羅州板村里窯跡』
梨花女子大學校博物館 1998『靈岩 鳩林里 土器窯址 發掘調査─1次發掘調査中間報告─』
梨花女子大學校博物館 2000『安城 和谷里 陶窯址─朝鮮白磁・高麗陶器窯址 發掘調査報告書』
梨花女子大學校博物館 2001『史蹟 338 號 靈岩 鳩林里 土器窯址 2 次 發掘調査報告書』
靈岩郡 2016『原禪 金大煥컬렉션』
嶺南文化財研究院 2000『大邱內患洞墳墓群』
嶺南文化財研究院 2003『金泉帽岩洞遺跡Ⅱ』
嶺南文化財研究院 2005『達城舌化里古墳群』
嶺南文化財研究院 2011『清道陽院里遺蹟』

あとがき

　本書は、2024年2月に九州大学人文科学府に提出した博士論文『高麗陶器の生産と消費の研究』をもとに、加筆・修正したものである。なお、既発表論考と本書の対応関係は以下のとおりである。

第2章第2節・第5節
・「高麗陶器器種構成の変遷―窯跡出土資料を中心に―」『貿易陶磁研究』43、貿易陶磁研究会、1-17頁、2023年9月をもとに加筆・修正

第2章第3節
・「高麗陶器大型壺の分類と編年―生産からみた画期―」『古文化談叢』70、九州古文化研究会、223-241頁、2013年10月をもとに加筆・修正

第2章第4節
・「盤口形口縁をもつ高麗陶器の器種と編年試案」『持続する志―岩永省三先生退職記念論文集』下、中国書店、541-555頁、2021年3月をもとに加筆・修正
・「「高麗陶器」という名称をめぐって―全面施釉普及時期に関する予察―」『琉球大学考古学研究室開設30周年論文集』、琉球大学考古学研究室、85-96頁、2024年7月をもとに加筆・修正

第3章第2節
・「高麗陶器窯構造の検討―楊広道地域を中心に―」『地理歴史人類学論集』12、琉球大学国際地域創造学部地域文化科学プログラム、93-108頁、2023年3月をもとに加筆・修正

第4章第1～3節
・「高麗陶器大型壺の消費に関する一様相―完形資料を中心に―」『東アジア考古学の新たなる地平　宮本一夫先生退職記念論文集』下、中国書店、

653-672 頁、2024 年 3 月をもとに加筆・修正

第 5 章第 1〜3 節

・「九州・琉球列島出土の高麗陶器」『海洋文化財』19、國立海洋文化財研究所、141-201 頁、2023 年 12 月をもとに加筆・修正

　論文審査の主査を務めていただいた宮本一夫先生をはじめ、副査の辻田淳一郎先生、森平雅彦先生、荒木和憲先生に心より感謝申し上げる。

　琉球大学学部と大学院修士課程では、指導教官であった池田榮史先生（現・國學院大學研究開発推進機構）や後藤雅彦先生から、高麗陶器を研究するきっかけをはじめ、本研究の根幹となる考古学に関するさまざまなご指導をいただき、現在でも温かいご教授の数々を賜っている。

　琉球大学大学院修了後、博士後期課程で九州大学大学院に進学した。その際には、田中良之先生、岩永省三先生、溝口孝司先生、中橋孝博先生、佐藤廉也先生、田尻義了先生、舟橋京子先生、先輩・後輩・同輩に高麗陶器研究に関する発表などを通じて懇切なご指導を賜った。

　琉球大学に奉職後は、同僚であった日本近世史の武井弘一先生（現・金沢大学）には、歴史学の分野から博士論文に関する懇篤なご助言を頂戴した。

　このほか、本書をまとめるにあたり、たくさんの方々のお世話になった。あまりにも多いため、大変失礼ながら、全ての方々を挙げることはできないが、特に、下記の諸先生、諸氏、諸機関の方々には、本研究を遂行する上で、多大なるご教示やご協力などをいただいた。心より感謝申し上げたい。

　　赤司善彦、石木秀啓、小澤佳憲、金想民、金武重、倉元慎平、柴田亮、新里亮人、新里貴之、申敬澈、申鍾國、武末純一、玉城真紀子、中島恒次郎、中島達也、中村浩、韓盛旭、韓惠先、福永将大、馬田弘稔、松本圭太、三阪一徳、村野正景、森貴教、山本信夫

　　國立海洋文化財研究所、國立光州博物館、京畿道博物館、中部考古學研究所、忠清北道歴史文化財研究院、木浦大學博物館、霊岩陶器博物館

　　天城町教育委員会、伊仙町教育委員会、大野城市教育委員会、大村市教育委員会、恩納村教育委員会、沖縄県立埋蔵文化財センター、喜界町教育委

員会、九州歴史資料館、太宰府市教育委員会、対馬市教育委員会、長崎県教育委員会、福岡市教育委員会、福岡市博物館、福岡市埋蔵文化財センター、和泊町教育委員会（50音順、敬称略）

琉球大学の学部・修士課程で考古学を学ぶなかで、「高麗陶器」と出会った。そのきっかけは、池田先生が進められていたカムィヤキの調査研究をお手伝いさせていただいたことである。そこで、カムィヤキに影響を与えたといわれている高麗陶器の存在を初めて知った。中島達也さんの薦めもあり、修士課程の際に韓国に語学留学をしたことも、高麗陶器の研究に本格的に取り組んでいく契機の一つとなった。

考古学全般にいえることであるが、「人」とのつながりがなければ進めることはできない。高麗陶器研究においても同様である。高麗陶器を通して、多くの人に出会うことができ、温かいご教示もたくさん賜っている。今後も、高麗陶器をとおして、考古学の進展に少しでも寄与できればと思うとともに、さらなる出会いやつながりを楽しみにしながら、研究により邁進できればと思う。

本書は以下の研究助成の交付を受け、遂行した研究成果を含んでいる。

2011年度～2012年度公益財団法人高梨学術奨励基金、2021年度科学研究費助成事業（学術研究助成基金助成金）（研究活動スタート支援　課題番号：21K20046）

なお、本書の刊行は、2024年度琉球大学研究成果公開（学術図書等刊行）促進経費の助成によるものである。刊行にあたり、同成社の山脇あやさん、高松恵里佳さんには大変お世話になった。厚くお礼を申し上げる。

最後に、いつも支えてくれている、沖縄や山家、鹿児島の家族に「ありがとう」と伝えたい。

　　令和6年11月

主税　英徳

高麗陶器の考古学

■著者略歴■
主税英徳（ちから・ひでのり）
1983年、福岡県生まれ。琉球大学法文学部卒業。琉球大学大学院人文社会研究科修士課程修了。九州大学人文科学府博士後期課程単位取得退学。博士（文学）（九州大学）。
大野城市教育委員会、基山町教育委員会を経て、現在、琉球大学国際地域創造学部講師。
〔主要論文〕
「高麗陶器大型壺の分類と編年—生産からみた画期—」『古文化談叢』70　2013年
「高麗陶器器種構成の変遷—窯跡出土資料を中心に—」『貿易陶磁研究』43　2023年
「규슈・류큐열도 출토 고려도기（九州・琉球列島出土の高麗陶器）」『해양문화재（海洋文化財）』19　2023年

2025年2月10日発行

著　者　主　税　英　徳
発行者　山　脇　由紀子
印　刷　藤原印刷㈱
製　本　協栄製本㈱

発行所　東京都千代田区平河町1-8-2　㈱同成社
　　　　山京半蔵門パレス（〒102-0093）
　　　　TEL 03-3239-1467　振替 00140-0-20618

ⒸChikara Hidenori 2025. Printed in Japan
ISBN978-4-88621-997-8 C3021